第16回ヴェネチア・ビエンナーレ
国際建築展 日本館カタログ

建築の民族誌

貝島桃代、ロラン・シュトルダー、井関 悠

Contents

Essays

005
はじめに
—
貝島桃代、ロラン・シュトルダー、
井関 悠

006
「建築の民族誌」から学ぶ
—
貝島桃代

013
ドローイングはプランではない
—
ロラン・シュトルダー＋
アンドレアス・カルパクチ

017
建築とアートのあいだに
—
井関 悠

Works

022
W House
W邸
—
須藤由希子

026
Typology
Review No. II, Review No. III
類型学：2巻、3巻
—
Emanuel Christ and Christoph
Gantenbein / ETH Zurich

030
My Home/s: Staircases - 2
わたしの家、階段 その2
—
Do Ho Suh

034
Rogue Economies
Vol. 1: Revelations and
Revolutions
悪漢の経済 Vol.1：新たな事実と革命
—
GSA Unit 14 / University of
Johannesburg

038
Glasgow Atlas
グラスゴーの地図帳
—
Studio Tom Emerson / ETH
Zurich

042
Postmodernism Is Almost
All Right
Polish Architecture after
Socialist Globalisation
ポストモダニズムはおおむね正しい：
社会主義後のグローバル化した
ポーランド建築
—
Piotr Bujas, Łukasz Stanek,
Alicja Gzowska, Aleksandra
Kędziorek

046
Architecture Reading Aid
Ahmedabad
アーメダバード建築読本
—
Niklas Fanelsa, Marius Helten,
Björn Martenson, Leonard
Wertgen

050
Maidan Survey
広場の調査
—
BUREAU A, Burø

054
Valparaíso Público
バルパライソの公共空間
—
Marie Combette, Thomas
Batzenschlager, Clémence
Pybaro

058
Cities without Ground
A Hong Kong Guidebook
空中都市：香港ガイド
—
Adam Frampton, Jonathan D.
Solomon, Clara Wong

062
Made in Tokyo
15th Year Update
15年後のメイド・イン・トーキョー
—
Lys Villalba

066
Glotzt Nicht so
Romantisch!
On Extralegal Space in
Belgrade
全くロマンチックじゃない！：
ベオグラードの超合法空間
—
Dubravka Sekulić

070
¡El Tiempo Construye!
時間が構築する
—
Fernando García-Huidobro,
Diego Torres, Nicolás Tugas

074
Vernacular Toolbox
Ideas from Modern Builders in
Rural China
ヴァナキュラーな道具箱：
中国農村発・施工者からの建築アイデア
—
Rural Urban Framework and
Sony Devabhaktuni / The
University of Hong Kong

078
Let's Make Kamiyama
Landscape with Toy Blocks
ブロックで作ろう神山の風景
—
石川 初研究室 / 慶應義塾大学SFC

082
Basics of Dry Stone Walling
for Terraced Landscapes
棚田、段畑の石積み：
石積み修復の基礎
—
真田純子

086
The Building of the
Queensland House
A Carpenter's Handbook and
Owner's Manual
クインズランド住宅の建て方：
大工の手引きと家主のための説明書
—
Andrew L. Jenner with John
Braben

090
SUDU
Manual
サスティナビリティの手引書
—
Dirk E. Hebel, Melakeselam
Moges, Zara Gray, with
Something Fantastic

094
A Pattern Book for Oshika
Peninsula
浜のくらしから浜の未来を考える 牡鹿半島
復興計画のためのデザインパタンブック
—
アーキエイド牡鹿半島支援勉強会

098
Livre Invisible
A Guidebook on Mon(s)
Invisible
見えない本：われわれのモンス市の
見えない庭ガイド
—
Constructlab

102
Revolusi dari Dapur
台所からの革命
—
Gede Kresna

Contents

003

106
Arqueología Habitacional
住まいの考古学
—
Juan Carlos Tello

110
On Urbanism and Activism in Palestinian Refugee Camps
The Reconstruction of Nahr el Bared
パレスチナ難民キャンプにおける都市計画と活動：ナハル・アル＝バーリドの再建
—
Ismael Sheikh Hassan / KU Leuven

114
Revendications
暮らしを取り戻すために
—
Oswald Adande

118
Flexible Signposts to Coded Territories
奔放な標識、コード化された縄張り
—
Florian Goldmann

122
The Arsenal of Exclusion & Inclusion
排除と包摂の武器庫あるいは資料集成
—
Interboro Partners

126
Granby Four Streets
グランビー・フォー・ストリーツ
—
ASSEMBLE with Marie Jacotey

130
A Little Bit of Beijing
798
北京の断片：798芸術区
—
Drawing Architecture Studio

134
Usages: A Subjective and Factual Analysis of Uses of Public Space
Vol.1: Shanghai, Paris, Bombay
使い方：公共空間の利用に関する主観的実態調査 Vol.1 上海、パリ、ボンベイ
—
David Trottin, Jean-Christophe Masson, Franck Tallon

138
Do You Hear the People Sing?
人々の歌が聞こえますか？
—
Crimson Architectural Historians with Hugo Corbett

142
Refugec Republic
難民共和国
—
Jan Rothuizen, Martijn van Tol, Dirk-Jan Visser, Aart Jan van der Linden

146
Map of France
フランスの地図
—
宮下幸士

150
One Hundred Views of Dogo
道後百景
—
山口 晃

154
Local Ecology Map of CASACO
カサコ 出来事の地図
—
トミトアーキテクチャ

158
Design Construction Networks
設計と建設のネットワーク図
—
Who Builds Your Architecture?

162
Building from Waste
The Ship Breaking Industry and a New Paradigm for the Urbanisation of Mumbai
廃棄物からの構築：ムンバイの船舶解体業と都市化の新たな枠組
—
Joseph Myerscough with Sarah Mills / Leeds Beckett University

166
Hong Kong Is Land
香港は島国である
—
MAP Office

170
Panorama Pretoria
プレトリアのパノラマ
—
Titus Matiyane

174
LIVING along the LINES—Fukushima Atlas
LIVING along the LINES－福島アトラス
—
青井哲人、NPO法人福島住まい・まちづくりネットワーク、福島アトラス制作チーム

178
Revisiting Wajiro Kon's "Nihon no Minka"
今和次郎「日本の民家」再訪
—
溷青会、中谷ゼミナール

182
Coupe!
切る！
—
Éva Le Roi

186
Sanriku Project 2013
三陸プロジェクト2013
—
Urban Risk Lab / MIT、平岡研究室 / 宮城大学、MISTI Japan / MIT、Reischauer Institute / Harvard University

Credits

190
Works
作品

194
Curators
キュレーター

Participants
出展者

はじめに
貝島桃代、ロラン・シュトルダー、井関 悠

　20世紀の近代化により、日本の社会は大きく変化した。工業生産性の急激な上昇により、人々の生活には豊かさがもたらされるとともに、建築や都市計画では専門化や分化が起きたが、この発展は、近年建築家らによって見直されようとしている。

　一方で、建築のドローイングは、空間を概念化し、組織化し、構築する伝統的ツールの役割を担ってきた。それは建設プロセスの指示書であるだけでなく、批評的フィードバックループにおいて、建築を記録、議論、査定する創造的装置ともいえ、民族誌のように、人からそうでない事物までさまざまな主体による利用や要望、思いを詳細に記録しうるものでもある。そして個人的でありつつも、シェアされグローバル化する現代社会の環境においては、共有化しうるデザイン・アプローチともなっている。

　第16回ヴェネチア・ビエンナーレ国際建築展日本館で開催される「建築の民族誌（Architectural Ethnography）」展は、大学の設計スタジオ、建築設計事務所あるいは美術作家の実践から生まれた、設計詳細図から空間と活動の連関図、ハイブリッドな都市環境図、自然災害後の農山漁村の大規模調査など、過去20年間、世界各地の42作品を取り上げている。すべての作品がドローイングをめぐる新たなアプローチの探究を映し出している。

　展示スペースでは、「of：について」「for：のための」「among：とともに」「around：のまわり」といった英語の前置詞に代表されるような建築との関係性を軸に作品が展示される。地上の屋台や家具が置かれた広場は、議論や休憩、勉強、食事、打ち合わせ場所として利用できる。

　本書は本展のカタログであり、作品とともにキュレーターによる3本の論考を掲載している。貝島桃代は「建築の民族誌」のコンセプトを紹介し、ロラン・シュトルダー（Laurent Stalder）とアンドレアス・カルパクチ（Andreas Kalpakci）は建築ドローイングの意義と役割を探究し、井関 悠はアート・ドローイングの建築的な潜在力について検証している。本書では展示作品の主要部分を抽出し編集している。各作品の最初の見開きでは、紹介文とともに、「建築（A）」と「民族誌（E）」の対話からドローイングの読み方を、次の見開きでは、建築と暮らしを伝える主要なドローイングを示すことで、42作品を紹介している。

「建築の民族誌」から学ぶ
貝島桃代

　私が生まれた1969年からこの物語を始めよう。その年は、フィリップ・ブードンの『Pessac de Le Corbusier（ル・コルビュジエのペサックの集合住宅）』、バーナード・ルドフスキー『Streets for People: A primer for Americans（人間のための街路）』、レイナー・バンハム『The Architecture of the Well-Tempered Environment（環境としての建築）』が書かれた年で、建築においては世界的にポストモダンの時代であり、日本も高度成長期の真っ只中にあった。住んでいた東京の四谷は、東京オリンピックのメイン会場となった明治神宮外苑が近かったこともあり、都市化の波に飲まれ、高度成長期からバブル期にかけて、めまぐるしく変化した地域であった。たとえば小学生の頃、2階建ての商店が並んでいた2車線の外苑東通りは道路拡幅によって4車線になり、同級生の親の経営する商店が次々と立ち退きで閉店し、同級生も引っ越していった。同じ頃、自分自身が住んでいた古い戸建ての家もマンションに建て替わることになり、道路脇の桜の木を残してなくなった。

　一緒に暮らしていた祖父は、家では着物、会社では背広で、日本と欧米の文化が日常のなかに混ざっていた。テレビでも日本の伝承物語をアニメーション化した「まんが日本昔ばなし」とともに、「フランダースの犬」や宮崎 駿の「アルプスの少女ハイジ」が放映されていた。また洋書の翻訳書が出始め、アメリカの開拓者時代の家族の生活や、カナダのプリンスエドワード島の少女の物語などを読み、それぞれの時代の世界のさまざまな地域の暮らしに思いを馳せた。70年代に日本人の海外旅行が盛んになったこともあったろう、舞台芸術家のインドに関するスケッチ旅行記にも興味をもった。

　このような少女時代を送り、1980年代後半に大学で建築を学び始めた。日本はバブルの絶頂期である。近所の古家にトラックが突っ込む事故が新聞記事になり、高騰する土地の上に立つ建物はそこにあるにもかかわらず、一円の値打ちもない。建築や、住んでいる環境がなぜそのような状態になるのか。その変化を見ようと、時間があれば街を歩いた。同時にその理由がどこにないか、建築書も読んだ。折しも国内では、めまぐるしく変化する都市の状況に時代が必要としたのか、東京に関する本も多く出版された。今和次郎の『考現学入門』(1987)が文庫で出版され（『モデルノロヂオ（考現学）』1930）、赤瀬川原平をはじめとした路上観察学会の『路上観察学入門』(1986)や藤森照信の『看板建築』(1988)、陣内秀信の『東京の空間人類学』(1985)が書かれた。これらを読むことで、変わっていく都市に流れる別の時間を想像できるようなった。また海外で書かれたポストモダンの著書、バーナード・ルドフスキー『建築家なしの建築』（邦訳＝1984）、ロバート・ヴェンチューリ&デニス=スコット・ブラウンの『ラスベガス』（邦訳＝1978）、レム・コールハースの『錯乱のニューヨーク』（邦訳＝1995）、アルド・ロッシ『都市の建築』（邦訳＝1991）などにも救われた。それぞれの都市の問題から立ち上がった都市建築論に興味をもち、いつか自分でもそのようなものが書けたらと思っていた。

　そうして日本でバブルが崩壊した1991年、渋谷明治通り沿いのスパゲッティ・レストランの上にバッティング・センターがある建物を発見した。この建物はその後壊されて調査するには至らなかったが、幻の「メイド・イン・トーキョー」第1号である。この発見をきっかけに、東京特有の建築があるとの仮説を立て、これらを集めて東京の都市空間に関するガイドブックの作成を考え始めた。磯崎新氏が「建築の革命遊戯」をモチーフに構成した「カメラ・オブスキュラあるいは革命の建築博物館」展（メトロポリタンプラザ、1996）に招待された折にこの企画を提案し、1996年に仲間と「メイド・イン・トーキョー」を始めた。ここでは建築を単体ではなく、環境として捉えた「環境ユニット」と呼ばれるまとまりを提唱し、機能や構造、使用においてハイブリッドな状態の集合と東京の都市空間の状態を表現するガイドブックとして示した。そうして刊行された『メイド・イン・トーキョー』(2001)は、建築が周辺環境と有機的に連関して使われている様子やそこで人が生きることの力強さやユニークさを見出し、賛歌を捧げている。展覧会から刊行には4年以上を要した。同年に刊行された『ペット・アーキテクチャー・ガイドブック』では、建物の小ささによって建築が暮らしそのものになる様子を報告した。一般には多くの人

が関わることで実現する建築が、ひとりの店主の生業によって成立する。その建築と人々の自由な関係に清々しさを感じたとともに、つくる側ではなく使う側の視点で建物や都市空間を見て、これらをドローイングする手法と、その批評性について関心を抱くようになる。

その後こうした都市特有の建築から都市論を導くドローイングは、東京を離れ、2001年にはパリ13区を対象に街区の特異性を紹介した『Broken Paris』（アトリエ・ワン、東京工業大学塚本研究室、筑波大学貝島研究室、2001）、2004年には空き家や空き地から街を見た「Dead or Alive 水戸空間診断」（筑波大学貝島研究室、アトリエ・ワン、2004）、2007年には町家の世代交代から考えた「アトリエ・ワンと歩く 金沢、町家、新陳代謝」（アトリエ・ワン、2007）など、ほかの都市においても試された。そのなかで、都市の変容の過程はビルディングタイプの系譜学を用いて検証できることもわかってきた。さらに対象は、郊外、農村部へと広がった。東京郊外である埼玉県北本市では、その郊外としての顔を特徴づける「北本らしい"顔"の駅前つくりプロジェクト」（北本らしい"顔"の駅前つくりプロジェクト実行委員会、2011）を行い、農家の里山の都市化の変遷を知るために、雑木林の変化から、野菜の無人販売所、そこにある市民活動グループまで、さまざまな対象の調査を行い、自然環境から建築、人々、農村地と新興住宅地の融合による地域の価値を表現した。

また岐阜県飛騨市宮川町の種蔵では、当時96歳の地域の長老上野 優氏と出会い、彼から聞いた村の暮らしの様子の面白さや、彼が書いた『狭のたねくら』（2002）という自費出版の民族誌にも触発された。『狭のたねくら』で印象に残っているのは、雪の深い冬の日、集落のそばには駅がなく、子どもたちが近道をするために電車から雪の上に飛び降りたというシーンである。山の集落に生きる人々と山村のあいだを走る電車のユニークな関係。今はなかなかそのような暮らしは許されないかもしれないが、集落の内側にいる長老だからこそ描ける暮らしの風景であった。その後、飛騨市から種蔵の地図をつくってほしいという依頼を受け、住民から聞いた話をもとに集落の歴史や生業を含めた村の生態系を、学生たちと「種蔵集落絵図」（筑波大学貝島研究室、安藤研究室、2010）というひとつの絵にまとめた。家や小屋、蔵の形、畑の作物、木の種類などそこにあるすべての存在に物語がある。『メイド・イン・トーキョー』でも生コン会社やタクシー会社など、都市的生業の建物を取り上げたが、農村地では生業自体が建築だけでなく、集落風景全体をつくっている。つまり「暮らし」の範囲は、農業や林業など自然や地理的条件などと関わるものも多いことも学び、また自然と思っていた風景が人の手によってつくられる様子が理解できるようになってきた。

そして2011年、東日本大震災が起きた。震災に加え、津波、原発事故などにより、都市部のみならず、農山漁村の被害が大きかったのがこの地震の特徴である。発災後すぐに設立された復興支援ネットワークであるアーキエイドでは、宮城県石巻市の漁村の復興プランのために、ヒアリング調査を行った。津波で失われてしまった村の風景や暮らしを住民から聞き、断片を組み立て、空間を創造し、これを絵に描く。その作業は人々の記憶のなかにあるパズルを空間として組み立てていくようで、これを「建築の民族誌」と呼ぶことはできないだろうかと思い始めた。そしてこの調査による集落の理解の先に復興計画を組み立てることができれば、過去から未来を連続的に描き実現する、有効な方法になると考えたのである。

「建築の民族誌」とは

ここで「建築の民族誌」の定義について、もう一度整理する。「民族誌」は辞書によると「特定の民族の社会と文化をフィールドワークをふまえて記述したもの」とあるが、ここでは「特定の民族」ではなく、広義に「人」あるいはそこに住む「コミュニティ」あるいはまだ定義されていない社会的な「グループ」を指したい。そしてその調査方法や記述方法に「建築」を加えたことによって生まれた仮説「建築の民族誌」はどのような特徴をもちうるのか。これについてまず建築の特徴から考えてみたい。

「建築」は「建造物」を指し、人の暮らしや営みを守り支

える物理的囲いである。さらに学問的観点から広義に捉えると、建造物の集合、周辺環境や都市など、空間の広がりと位置づけられる。まず、建築はその大きさゆえの特徴がある。大きさや重力や時間を問題とするために、「ゆっくりと変化」することが特徴である。「建築」は不動産と位置づけられるように、法律や制度に縛られている不自由さによって生まれる歴史的思考あるいは時間軸をもった思考が求められる。また建築をつくるという個々の空間的実践は、一つひとつが「ケーススタディ」である。調査には量的研究と質的研究の手法があるが、建築の実践は状況の固有性に向かうという点で、質的調査である。その実現にはつくり手から使い手までさまざまな「多様な位置づけ」を必要とする。建築はその実現のプロセスに二次元で表現される「ドローイング」という媒体があり、これが建築を取り巻く複雑な情報を統合し、科学的技術的な精査をもとにした視覚化によってその実現を多くの人々と共有、指南する地図や記録となり、評価する役割を果たしてきた。つまり、建築はその成立段階から、自らを批評する媒体を内包することで、自己評価や展開のための思考回路をもっているのが特徴である。そしてこの「ドローイング」には先に述べた多様な位置づけに対応する「多様なスケール」があり、1:1から1:1000などさまざまな縮尺を扱いながらそれを「横断」し、思考を続けることで、部分と全体、経験的な世界から抽象的な世界まで、異なる世界を行き来する。つまり、「建築の民族誌」ではこのような建築性が民族誌に重ねられるのである。

次に「民族誌」について考えるにあたって、それがどのような時に現れるのかを振り返ってみたい。日本において、民族誌はたびたび変化の時代に現れている。「日本民俗学」を提唱した柳田國男(1875–1962)は、近代化によって大きく変化しようとしていた日本で、フィールドワークを通し、昔話をはじめ伝承の聞き取りを手法として、地域に残る人々の暮らしを採集し、言葉で記録した。またこれに対し今和次郎(1888–1973)は、柳田とともに失われつつある民家を訪れ、スケッチを描き、これらを載せた『日本の民家 田園生活者の住家』(1922)を出版した。今は日本の民家の収集を昆虫採集に喩え、昆虫を観察し、昆虫の色、形、構造といった姿、生息する環境を理解し、図化することと、建築を観察し、その色、形、構造、環境を理解し、これを図化することに共通点を見出している。一方で、今の記述には個人の知見を社会に開く学問という姿勢と同時に、観察者の視点や表現から生まれる「抽象化」の創造性がある。その後の『考現学』においても道具、服装、昼寝の仕方などさまざまなものを観察してスケッチに残し、『住居論』(1971)では、関東大震災や戦災の廃墟に瓦礫などを再利用して自力再建された被災者の仮設小屋などを記録し、ハイブリッドな都市の風俗としての建築を報告した。今のこれらの本は、民家や仮設小屋など、失われていく建築の記録であった。また柳田の弟子である山口弥一郎(1902–2000)は、昭和8年(1933)の昭和三陸津波から10年後に『津浪と村』(1943)を出版した。ここでは明治三陸津波(1896)と昭和三陸津波の二つの津波の被害状況の比較を行い、復興の様子の違いを長老の存在による記憶の伝承との関係から導くとともに、集落分布の変化と津波浸水線を組み合わせた集落図を作成し、伝承が途絶えた時に、津波によって人々の記憶の空間も再び失われていくことを示した。また柳田との交流があった宮本常一(1907–1981)は、『忘れられた日本人』(1960)において長老からの聞き取りをもとに、伝承に残るかつての日本人の生活を記録することで、物理的にはなくなってしまったが人々の記憶のなかにあるものを再現した。これらは、日本が近代化する以前の、農業や漁業などの生業のありようとともに材料や形式を捉えることができた民家のような「建築」と「暮らし」の関係が、20世紀の社会の産業化によって切り離されていくことを危惧した研究者たちが起こした運動だったのだ。

「建築の民族誌」の試作

われわれの掲げる「建築の民族誌」はこの延長にある。そして『メイド・イン・トーキョー』刊行後、手元に集まってきたさまざまな都市研究の著書群が発案の背景にある。『メイド・イン・トーキョー』をヒントに、自身の都市を対象に

「メイド・イン・○○」をやってみたという著者からのものもあったが、『メイド・イン・トーキョー』刊行をきっかけに参加した国内外の展覧会や国際会議などで、同じような興味をもった建築家や研究者、芸術家の仕事を知り、手に入れたものもある。なぜこれらが同時につくられたのか。その同時代性も興味深かった。

それは近代の急速な都市化の揺り戻しとして都市研究が複数行われたポストモダン期や、これまでに書かれた多くの民族誌がその時代ごとの変化を捉えようとしたこととも共通点があるかもしれない。20世紀後半から今日にかけて、災害、紛争、戦争、グローバル化などによって都市が再び急激に変化し、また高度化する工学技術によって社会の制度化が進み、建築や環境と暮らしの連関はますます見えづらくなって息苦しい。手描きの設計教育を受け、グローバル化、情報社会化の前後を目撃した世代特有の問題認識であり、その葛藤かもしれない。しかしだからこそ、あえて人々の側にある暮らし=民族誌的視点から世界を描き、状況を概観し、断片化した世界をつなごうとする。目まぐるしく変化する建築、都市、環境について理解し、共有化する方法としてさまざまなドローイングによる「建築の民族誌」が試された時代があったという仮説の上に立つのである。

展示にあたって、古今東西から収集した事例は200件近くなった。作家は建築家や研究者、設計スタジオなどの教育機関、研究機関が多く、それぞれの研究をまとめた本の形式が多いものの、芸術家が建築や都市空間などを調査し、描いた絵画作品なども含めている。対象は、郊外、田園や農山漁村、自然、生態系、地形、地球環境などの広がりがある。以下ではこれらが共通に描こうとした建築との関係性から見た社会の状態を、建築とドローイングをつなぐ前置詞「of」「for」「among」そして「around」から分類したテーマとしてまとめることで、「建築の民族誌」の試行を捉えていく。

建築のドローイング
Drawing of Architecture

まず建築について描いたものを取り上げたい。建築を集め、分類し、表現する。タイポロジー、パタンなど、繰り返し見られる暮らしの作法を、平面と断面以外にもアクソノメトリック、アイソメトリックなどの斜投影法を用い、物質性、オブジェクト性から示したものが多い。タイポロジーは建築学において建物の有効な観察、分析方法であるが、タイプが見出された瞬間、それは暮らしから切り離され固定化してしまう危険性をもっている。取り上げた作品はこの危険性を回避しながら、暮らしとともに変化する建物の姿を描こうしている。

その手法のひとつに、建物の周辺要素を描き込むことで、拡大した暮らしの建築や都市環境を浮かび上がらせるまとまりがあり、そこに異なるスケールの取り組みが見えてきた。建築的なスケールでは、世界の複数の都市からタイプを集めた「Typology: Review No. II, Review No. III（類型学：2巻、3巻）」（Emanuel Christ and Christoph Gantenbein / ETH Zurich、2012、2015）、ウクライナ・キエフの中央広場のバリケードを描いた「Maidan Survey（広場の調査）」（BUREAU A、Burø、2014）、壊される家の歴史をさまざまな視点で描いた「W House（W邸）」（須藤由希子、2009–2010）、自らの家の歴史を描き連ねた「My Home/s: Staircases - 2（わたしの家、階段　その2）」（Do Ho Suh、2012）がある。都市的なスケールでは、社会主義以降のポーランドのポストモダンを公共空間と建物から描いた「Postmodernism Is Almost All Right: Polish Architecture after Socialist Globalisation（ポストモダニズムはおおむね正しい：社会主義後のグローバル化したポーランド建築）」（Piotr Bujas、Łukasz Stanek、Alicja Gzowska、Aleksandra Kędziorek、2011）、香港の動線のネットワークを描いた「Cities without Ground: A Hong Kong Guidebook（空中都市：香港ガイド）」（Adam Frampton、Jonathan D. Solomon、Clara Wong、2012）、近代工業都市グラスゴーの現在の都市空間を描いた

「Glasgow Atlas（グラスゴーの地図帳）」(Studio Tom Emerson / ETH Zurich、2014)、パブリック・スペースのスケールでは、アーメダバードの暮らしの空間実践を集めた「Architecture Reading Aid Ahmedabad（アーメダバード建築読本）」(Niklas Fanelsa、Marius Helten、Björn Martenson、Leonard Wertgen、2015)、ヨハネスブルクの経済活動を異なるスケールで描いた「Rogue Economies, Vol. 1, Revelations and Revolutions（悪漢の経済 Vol.1：新たな事実と革命）」(GSA Unit 14 / University of Johannesburg、2017)、港町バルパライソの坂道の広場を描いた「Valparaíso Público（バルパライソの公共空間）」(Marie Combette、Thomas Batzenschlager、Clémence Pybaro、2013－2017) が見られた。

もうひとつの手法に、建築に流れる時間を捉えようとするものがある。時系列で空間を描く「My Home/s: Staircases - 2（わたしの家、階段 その2）」や、時間の重なりを点景で表した「W House（W邸）」、現代と古典的類型を並置させることで建築の変様を伝える「Typology（類型学）」などがあり、時間とともに建物を捉えることで、移りゆく姿を描こうとする。

建築のためのドローイング
Drawing for Architecture

次に建築のために描いたものを取り上げる。ここには三つの試みがある。ひとつめは改築、増築、減築によってその姿を変容させる建築を対象としたものである。これにより、経済的変化、急激な人口増加、産業の変化など社会的条件と建築の関係を描こうとする。東京での「Made in Tokyo: 15th Year Update（15年後のメイド・イン・トーキョー）」(Lys Villalba、2015-2017）や、リマでの「¡El Tiempo Construye!（時間が構築する）」(Fernando García-Huidobro、Diego Torres、Nicolás Tugas、2013)、ベオグラードでの「Glotzt Nicht so Romantisch!: On Extralegal Space in Belgrade（全くロマンチックじゃない！：ベオグラードの超合法空間）」(Dubravka Sekulić、2012)、中国農村部での「Vernacular Toolbox: Ideas from Modern Builders in Rural China（ヴァナキュラーな道具箱：中国農村発・施工者からの建築アイデア）」(Rural Urban Framework and Sony Devabhaktuni / The University of Hong Kong、2017-2018)。これらは変化する建築の姿を描くことで、建築が都市の暮らしを観察する指標となりうることを提示している。

二つめは、建築や風景を言語のようにパタン化し、描こうとしたものである。農村の風景をブロックで記録することを通して、そのなかの現代建築と伝統建築の違いをブロックのパタンで示し、それぞれの意味を示した「Let's Make Kamiyama Landscape with Toy Blocks（ブロックで作ろう神山の風景）」(石川 初研究室 / 慶應義塾大学SFC、2017)、漁村の暮らしをかたちづくる建築言語をパタンブックとして示し、そこから漁村の将来図を描こうとした「A Pattern Book for Oshika Peninsula（浜のくらしから浜の未来を考える 牡鹿半島復興計画のためのデザインパタンブック）」(アーキエイド牡鹿半島支援勉強会、2011-2012) がある。辞書やカタログのようなパタンの収録により、その応用を投げかける。建築は空間を構築する道具であることが示されている。

三つめは、建築の施工方法を描くことでその共有化を示したものである。オーストラリアにおけるコロニアル様式の住宅「クインズランダー」を取り上げた「The Building of the Queensland House: A Carpenter's Handbook and Owner's Manual（クインズランド住宅の建て方：大工の手引きと家主のための説明書）」(Andrew L. Jenner with John Braben、2013) は、その施工の風景を描いた。日本の徳島県の長老から学んだ石積みを取り上げた「Basics of Dry Stone Walling for Terraced Landscapes（棚田、段畑の石積み：石積み修復の基礎）」(真田純子、2014-2017)、エチオピアの日干しレンガ建築を取り上げた「SUDU: Manual（サスティナビリティの手引書）」(Dirk E. Hebel、Melakeselam Moges、Zara Gray, with Something Fantastic、2015) は、作業の手元に置かれることを意識したハンドブックの形式である。ここでは小ささや軽さが重要であり、つくる側の視点や、材料の取り扱い方、働

き、施工工程などが示されている。これに対し、住民とのコモンスペースのつくり方を示した「Livre Invisible: A Guidebook on Mon(s) Invisible（見えない本：われわれのモンス市の見えない庭ガイド）」(Constructlab、2015)は参加型の施工記録である。このなかでは夏の緑のコモンスペースのイメージ図が描かれており、協働のゴールを視覚化し共有化するものとなっている。このように建築のためのドローイングでは、建築とのかかわりが描き方の視点として示され、そこに建築とわれわれとの関係の可能性が提示されている。

建築のあいだのドローイング
Drawing among Architecture

さらに建築のあいだを描いたものを見てみる。まず、風土、気候、文化によって異なる地域特有の生活様式を、モノや人が使う道具、空間として描き留めたものがある。バリ島の調理の振る舞いを素材や道具、キッチンから捉え、食スタイルの変化を示した「Revolusi dari Dapur（台所からの革命）」(Gede Kresna、2016)、著名な建築作品での住まい方を家財道具の記述から捉えた「Arqueología Habitacional（住まいの考古学）」(Juan Carlos Tello、2009–)、難民キャンプの暮らしの地図を人々の記憶から辿った「On Urbanism and Activism in Palestinian Refugee Camps: The Reconstruction of Nahr el Bared（パレスチナ難民キャンプにおける都市計画と活動：ナハル・アル＝バーリドの再建）」(Ismael Sheikh Hassan / KU Leuven、2015)、難民キャンプの仮設建築の外観と内観を描き、そこに集積した多様なライフスタイルを捉えた「Refugee Republic（難民共和国）」(Jan Rothuizen、Martijn van Tol、Dirk-Jan Visser、Aart Jan van der Linden、2014)などがあり、共通点と相違点に地域特有の暮らしと個性を見ることができる。また建築と人の混合物と暮らしの風景を描いたものがある。都市風景をコーヒーの空きカプセルや古紙からつくったベナン共和国の都市コトヌーのジオラマ「Revendications（暮らしを取り戻すために）」(Oswald Adande、2016)、リバプールの通りの風景をワークショップで集めた風景から描いた「Granby Four Streets（グランビー・フォー・ストリーツ）」(ASSEMBLE with Marie Jacotey、2013–)があり、これらでは人も風景の一部として描かれるのが特徴である。ほかにも暮らしの風景を群衆から捉えたものがある。多くは公共的な空間を捉えたものであり、人々の振る舞いが風景となっている。北京の閉鎖された工場がアートスペースとして再活用されている様子を工場の空間に記した「A Little Bit of Beijing: 798（北京の断片：798芸術区）」(Drawing Architecture Studio、2013)、看板や家具などアクティブに利用されるストリートスケープをイメージ化した「The Arsenal of Exclusion & Inclusion（排除と包摂の武器庫あるいは資料集成）」(Interboro Partners、2017)、人々の振る舞いを時間ごとにパリの公共空間に記した「Usages: A Subjective and Factual Analysis of Uses of Public Space, Vol. 1, Shanghai, Paris, Bombay（使い方：公共空間の利用に関する主観的実態調査 Vol.1 上海、パリ、ボンベイ）」(David Trottin、Jean-Christophe Masson、Franck Tallon、2011)がそうだ。さらに人の思い描くイメージを描いたものがある。アテネの通りに繰り返し描かれたフーリガンのグラフィティをマッピングした「Flexible Signposts to Coded Territories（奔放な標識、コード化された縄張り）」(Florian Goldmann、2008–2012)、旅行先から持ち帰られた複数の地図を組み合わせることで描かれた「Map of France（フランスの地図）」(宮下幸士、2017)は、人の記憶やイメージにある建築の姿を描くことを試みている。

建築のまわりのドローイング
Drawing around Architecture

最後に、建築のまわりを描くものを取り上げたい。これらは調査対象となる空間を、建物に限らず、産業やその背景にあるネットワーク、地形や自然、災害に広げて描く試みである。まずネットワークについて着目したものには、地形や時間的連鎖から横浜の丘陵地における住宅地の暮らしの

物語を描いた「Local Ecology Map of CASACO（カサコ 出来事の地図）」（トミトアーキテクチャ、2014–）、福島原発事故後の人々の暮らしを住まいの軌跡から追った「LIVING along the LINES – Fukushima Atlas（LIVING along the LINES – 福島アトラス）」（青井哲人、NPO法人福島住まい・まちづくりネットワーク、福島アトラス制作チーム、2017–）、建設のプロセスを記した「Design Construction Networks（設計と建設のネットワーク図）」（Who Builds Your Architecture?、2014）、ムンバイの廃船解体工場の街を描いた「Building from Waste: The Ship Breaking Industry and a New Paradigm for the Urbanisation of Mumbai（廃棄物からの構築：ムンバイの船舶解体業と都市化の新たな枠組）」（Joseph Myerscough with Sarah Mills / Leeds Beckett University、2015）、民衆歌が生まれるときに着目した通りの風景「Do You Hear the People Sing?（人々の歌が聞こえますか?）」（Crimson Architectural Historians with Hugo Corbett、2016）がある。建築と暮らしの関係を物理的なひと続きの空間だけではなく、物語、移動、生業、歌などの連なりからなると捉えるものである。

エコロジーを扱った作品では、地形という大きな要素を中心に描かれるものもあった。起伏の豊かな道後の地形と人の暮らしの関係、その日常風景を組み作品として描いた「One Hundred Views of Dogo（道後百景）」（山口 晃、2016）、香港島を海の一部として水のネットワークのなかに示した「Hong Kong Is Land（香港は島国である）」（MAP Office、2014）、世界地図を飛行機からの視点で描くことで地形と都市の関係を示した「Panorama Pretoria（プレトリアのパノラマ）」（Titus Matiyane、2002）、90年前の民俗学者の訪れた日本の民家の周辺を長い断面図から描いた「Revisiting Wajiro Kon's "Nihon no Minka"（今和次郎「日本の民家」再訪）」（瀝青会、中谷ゼミナール、2012）がある。また地層と建築を横断的に捉えようとした「Coupe!（切る!）」（Éva le Roi、2008）は、地層やわれわれの生活環境が接する関係性を示した作品であり、こうした手法は南三陸の復興の地で起きる変化を地形と暮らしの風景をあわせて描こうとしたワークショップ「Sanriku Project 2013（三陸プロジェクト2013）」（Urban Risk Lab / MIT、平岡研究室 / 宮城大学、MISTI Japan / MIT、Reischauer Institute / Harvard University）にも共通する。われわれの暮らしは地球と切り離せない。

これ以外にも、人間以外の生物から見たもの、鉱物資源や水環境、氷点下世界など、生物学者のヤーコプ・フォン・ユクスキュルが唱えた「環世界」（『生物から見た世界』、邦訳＝1973）のように、これまで取り上げられてこなかった主体や環境の視点から描くことを目指したユニークな研究は見られたが、その大きなスケールゆえか、暮らしが具体的に描かれたドローイングを見つけることはできなかった。今後この分野で新たなドローイングが描かれ、われわれに別の世界を見せてくれることを期待している。

最後に——「建築の民族誌」のプラットフォームから

この展覧会は、以上述べた42のドローイングを一堂に並べることで構成される。その一つひとつに、20世紀後半から今日まで大きく変化してきた私たちのさまざまな環境について、作者が経験し、目撃してきた気づきが表現されている。これらを私たちがもう一度自分の目で見ること、それは建築を取り巻く社会の状態を知ることであり、同時に社会における建築の役割について問いかけることでもある。このような「建築の民族誌」が断片化した現代社会をつなぎ、建築の外側とともに、内側に対する批評そのものだとすれば、私たちは同時代のドローイングのなかに多くのことを発見し、そこから学ぶことができるはずである。

この展覧会がわれわれの暮らしと建築のあり方についての議論のプラットフォームを提供でき、21世紀の建築・都市論が活性化することによって、この世界が迎えようとしている大きな変化において、社会がよりよい方向に導かれることを願っている。

ドローイングはプランではない
ロラン・シュトルダー＋アンドレアス・カルパクチ

建築家は建てない。彼らはスケッチし、ドローイングし、調査し、あるいは模型や小さなプロトタイプをつくるかもしれない。時には文章を書くこともあるかもしれない。しかし彼らは施工管理や、自力建設をすることはけっしてないだろう（近年のデジタル・デザインの進化は、建設現場と建築家との乖離を強めた）。建設現場にいない建築家たちが実現を担う施工者たちに自らの意図を伝えるには、精確な表現技法に頼るしかない。このことから、これらの技法を定義することが古典的な西洋建築理論の重要な関心事のひとつだったことは当然だと言える。

レオン・バッティスタ・アルベルティ、そして後のラファエルやその他の建築家にとっては、平面図、断面図、立面図の三つの正投影図法が、建築図面の役割を果たしていた。画家の領域により関連づけられる架空の寸法で描かれる透視図法といったほかの技法とは異なり、こうした表記法の形式は、建築の明白な定義づけを担保するものである。それぞれが同じ原理に基づき、縮尺があり等角で描かれる[1]。それら建築図面は、建築家の意図と、現実化される建物との同一性を保証するため、前もって描かれている[2]。そして施工図面一式の下側の隅にある署名のように、図面そのものが建築家による著作権を確かなものにする。

二次元から三次元への変換については、当然その逆も成立し、構築物から図面への置き換えも可能である。何世紀ものあいだ、人々に称賛される建築や都市を図面で再現し、あるいは時には再構築し、または領土全体の地図を描くために、この同じツールが用いられてきた。ジャック・ギエルムとエレーヌ・ヴェランの言葉によれば、図面とはものの「軌跡」(trace) を残すために「輪郭線」(traces) に変換するものである[3]。そのことから、時間的、空間的に隔てられた対象物は、「変わることなく／見せられ／解読でき／組み合わせられる」だけでなく「持ち運びできる」ものとして図面に取り込むことができると、ブルーノ・ラトゥールは述べている[4]。

正投影図で用いられる幾何学原理は、その情報を外挿し、図面は設計意図を伝えるための精確なツールになる。それでも建築家たちは、自分たちの特別なニーズに合わせて別の表現技法を追究することをやめなかった。透視図法[5]、軸測投象[6]、展開図[7]、ミミズの目線で見上げたアクソノメトリック[8]、あるいはひとつの図面に複数の平面図を重ね合わせることなど、すべては、ひとつの画像のなかに一連の情報、または異なる視点を組み合わせるための効率的方法を提示している。建築実務では設計の行為を表現するためにさまざまな表記法に頼るかもしれない。しかし、図面は単なる情報伝達以上の役割を果たしているのである。実際に図面を特徴づけるものは、それらをただの「青写真」に引き下げてしまう「客観性」ではなく、いくつかの抽象化の段階を経て図面を物体に、あるいは物体を図面に、転換させることを可能にする「一貫性」である[9]。

図面で建築を表現する方法は無数にあるが、すべてに共通することがひとつある。建築物を具現化するための一連の長い作業のなかで、図面は事象の「前」「後」という両極を表現している。この働きにおいては、図面は、言葉の真の意味において、「プラン」でしかない。つまり、建設プロセスを導き、将来の展開を予測し、その起源を記録に残すための計画図にすぎないのである。デザイン行為から建物の竣工に至るまでのあいだに生じたすべての思考や調整は示されない。そういう意味では、図面は建築設計事務所と建設現場の異なるリアリティを一貫して反映できずにいる。

建築図面が果たす多様な役割をより理解するための第一歩として、透視図の構造を応用し、これを反対側から捉えてみよう。完成物を前景化するのではなく、通常は表に出てこない、施工過程において絶えず解決しなければならないほかのすべてのことを含めて考えてみるのである。建築表現につながる従来の想定、たとえば設計者の意図と建築物は同等であるという理想主義的な主張、そしてドローイングから建築物への変換ではズレが起こらないと決めてかかる決定論的な見方、またそれゆえに技術的な複雑

さや解釈の間違いの影響を受けないという考え方も見直す必要がある。最終的には、地図、実地調査、設計に先立つ調査から、スケッチ、ダイアグラム、建築家が設計案を探究し発展させるための基本図面、施工図面、設備計画、建物の実現化に関する仕様書や現在では専門家に外部委託することも多い製作図までの、プランと建築物のあいだの断絶を埋めるために用いる多様なドローイングを考察できるだろう。建物をつくる過程でのこうしたさまざまな段階の図を比較することで、ドローイングのなかにある記号（シーニュ）と記号内容（シニフィエ）の理想主義的な関係、原因と結果の決定論的な関係を壊し、必然的な迂回も含めたドローイングの相互関係の連鎖を確立できるのである[10]。

それでも、すべてのドローイングは、設計から建築物へ、あるいはその逆の翻訳にしか寄与しない。それらは、ユークリッド幾何学空間で定義しきれない建築の次元全体は捉えることができない。この次元とは、近年の新しい傾向を示すドローイングで扱われているものであり、ほかの多くのものとともに、継承される施工技術を通して伝えられる暗黙の知性（「Basics of Dry Stone Walling for Terraced Landscapes［棚田、段畑の石積み：石積み修復の基礎］」真田純子、2014-2017）、熟練の職人の体の動き（「The Building of the Queensland House: A Carpenter's Handbook and Owner's Manual ［クインズランド住宅の建て方：大工の手引きと家主のための説明書］」Andrew L. Jenner with John Braben、2013）、建築材料の適切な組み合わせ方（「SUDU: Manual［サスティナビリティの手引書］」Dirk E. Hebel、Melakeselam Moges、Zara Gray、with Something Fantastic、2015）、インフラのネットワークにおける人と物資の流れ（「Cities without Ground: A Hong Kong Guidebook［空中都市：香港ガイド］」Adam Frampton、Jonathan D. Solomon、Clara Wong、2012）、さまざまな人の振る舞いの一時的な特性（「Flexible Signposts to Coded Territories［奔放な標識、コード化された縄張り］」Florian Goldmann、2008-2012）、建築法規の影響の痕跡（「Typology: Review No. II, Review No. III［類型学：2巻、3巻］」Emanuel Christ and Christoph Gantenbein / ETH Zurich、2012, 2015）などを含んでいる。要するに、一つひとつの環境を形成する流動的な諸条件を記録しうるようなほかのドローイングのあり方を、われわれは考えなければならない。これらには、時間経過において見える、あるいは見えない軌跡（「Glasgow Atlas［グラスゴーの地図帳］」Studio Tom Emerson / ETH Zurich、2014）、うつろう光、四季の色彩、あるいは場所の独特の雰囲気（「W House［W邸］」須藤由希子、2009-2010）、建物の利用者——人間あるいは動物——の習慣（「Architecture Reading Aid Ahmedabad［アーメダバード建築読本］」Niklas Fanelsa、Marius Helten、Björn Martenson、Leonard Wertgen、2015、「Local Ecology Map of CASACO［カサコ 出来事の地図］」トミトアーキテクチャ、2014-）、そして頭から離れることのない過去に置き去りにした空間の存在（「My Home/s: Staircases - 2［わたしの家、階段 その2］」Do Ho Suh、2012）などが含まれる。

従来の建築の表現方法においては、環境は、外部の影響を受けず、個々の組織体が組み込まれ、秩序立てられ体系化された空間として捉えられてきた。これに対して、ここに集められた無限に多様な「知覚世界」を伝えている、従来の建築表現にはなかった一連の個々の時間的・空間的特性について明確に理解するためには、その世界の境界を何度も測り直さなければならない[11]。ここで問題となるのは、いかに建物をドローイングの慣習に適合させるかということではなく、むしろ建築家のドローイングの慣習がそうした環境やそのなかで営まれる生活をいかに捉えられるかということである[12]。たとえば、「Glasgow Atlas（グラスゴーの地図帳）」は均一な太さの線を用いることで、建築表現と知覚の両方の慣習を破り、前景と背景、装飾と構造体、過去と現在の境界を曖昧にしている。あるいは、スナップ写真から描き起こした「Usages: A Subjective and Factual Analysis of Uses of Public Space, Vol. 1, Shanghai, Paris, Bombay（使い方：公共空間の利用に関する主観的実態調査 Vol.1 上海、パリ、ボンベイ）」（David

Trottin、Jean-Christophe Masson、Franck Tallon、2011）のパースを見てみると、線画の詳細の一部を消し、また別のものは着色して強調することによって、身体と環境の密接な関係を描写している。そして「W House（W邸）」の手描きの表現では、植栽一つひとつを描く色使いによって四季の移り変わりを示している。また都市スケールで描かれた「Cities without Ground（空中都市：香港ガイド）」を見てみると、香港の高層建築群のプロポーションを引き伸ばすことで、インフラの垂直方向に展開するさまが強調されている。それよりさらに大きなスケールの「Panorama Pretoria（プレトリアのパノラマ）」（Titus Matiyane、2002）では、都市は──住宅、モニュメント、周囲の原野とともに──同系色のカラーパレットで塗り分けられた面に抽象化されており、同時にジェネリックな近代的な都市化と領域固有の形状・地勢との関係を際立たせている。「Typology（類型学）」で集められた小さなスケールの白黒の線画の数々は、従来の慣習を用いてもうひとつの建築のリアリティを明確化し、構築している。

ドローイングは、「現実世界」を反映するというよりも、むしろ独自の一貫性と継続性をもって「現実の内的世界」を構築しているといえるだろう。そしてドローイングは、この世界をより近づけるだけでなく、等しく遠ざけてもいる[13]。こうして、多種多様な情報に秩序と確固とした形を与えること──たとえば、その場所の過渡的な特質を突き止め、さまざまなやりとりを記録し、建物の中を何度も歩いたり広大なエリアの上を飛びおりした体験を表し、さまざまな瞬間を一枚の紙の上に凝縮することが可能になる。ドローイングは、施工のための情報を伝達するだけでなく、実際に経験した人以外にはわからないリアリティ、「Typology（類型学）」の高度な抽象化の裏に潜むパタンランゲージへの熱意や、地域で起こる出来事のさまざまな社会的・時間的関係性を図表化したプロジェクトの特異性（「Local Ecology Map of CASACO［カサコ　出来事の地図］」）を明らかにすることができる。

ということは、何よりもドローイングの重要性は、何を再生産（reproduce）するかということよりも、何をどのように生産（produce）するか、ということにある。それらを特徴づけるものは精確さではなく、むしろ省略、抽象化、スケールの設定、消去、平滑化、強調である。ジャック・デリダが述べたように、ドローイングあるいは調査といった経験的な技法は、暮らしの環境の固有性に影響を受けるため、前科学的世界の文化に属している。したがって、それらはこの環境と厳密に関係するため不精確（unexact）というわけではなく、理想とされる表記法に呼応しないという意味で精確（exact）というわけでもない。むしろデリダが指摘するように、それらは非精確（anexact）である。それらを具体的な観点にまで還元することはできないが、それでも精確に特定することはできる[14]。非精確な表記を用いることで、あるものを、ほかとは異なる固有のものとして精確に指し示すことができる[15]。

この意味で、ドローイングは単に内容を伝える表記法というだけではない。むしろ、さまざまな特性をもつ線、手描きの繊細な筆致、絵筆の生々しさ、デジタル描画の神経質な線によって、それらは単にかたちだけではないものになっている（「Map of France［フランスの地図］」宮下幸士、2017。「Basics of Dry Stone Walling for Terraced Landscapes［棚田、段畑の石積み：石積み修復の基礎］」）。ドローイングのさまざまな色は、色値だけでなく異なる透明性やグラデーションも再現している（「One Hundred Views of Dogo［道後百景］」、山口 晃、2016）。さらには手引書の挿絵や展覧会に並んだ絵画などのように、その物質性を通じても、ドローイングは新しい関係性の領域を開拓し続けている。いかなる表記法も不要な制約だとしてナイーブに放棄してしまうのではなく、反対に技術官僚的コンサルタントがしばしばそうするように、表記法を「アプリオリ」なものとして考えながらも、ドローイングの合理性を問題視し、ドローイングそのものと表現されている環境との関係を何度も問い直すことが課題となる。なぜなら、ドローイングはある過程の始まりでも終わりでもなく、つねにそのあいだにあるものだからだ。

1. Werner Oechslin, "Geometrie und Linie. Die Vitruvianische 'Wissenschaft' von der Architekturzeichnung," *Daidalos*, no. 1 (1981): 20–35.
2. Mario Carpo, *The Alphabet and the Algorithm* (Cambridge, MA: MIT Press, 2011). (邦訳=マリオ・カルポ『アルファベット そして アルゴリズム　表記法による建築——ルネサンスからデジタル革命へ』美濃部幸郎訳、鹿島出版会、2014)
3. Jacques Guillerme and Hélène Vérin, "The Archaeology of Section," *Perspecta*, no. 25 (1989): 226–57.
4. Bruno Latour, "Les 'vues' de l'esprit. Une introduction à l'anthropologie des sciences et des techniques", *Réseaux* 5, no. 27 (1987): 79–96.
5. Hubert Damisch, *L'origine de la perspective* (Paris: Flammarion, 1987).
6. Guillerme and Vérin, "The Archaeology of Section," 226–57.
7. Robin Evans, "The Developed Surface," *9H*, no. 8 (1989): 120–47.
8. Yve-Alain Bois, "Metamorphosen der Axonometrie," *Daidalos*, no. 1 (1981): 40–58.
9. Bruno Latour, "Les 'vues' de l'esprit," 79–96.
10. Bruno Latour, "Le topofil de Boa Vista ou la référence scientifique—montage photo-philosophique," *Raison Pratique*, no. 4 (1993): 187–216.
11. Jakob von Uexküll and Georg Kriszat, *Streifzüge durch die Umwelten von Tieren und Menschen: Ein Bilderbuch unsichtbarer Welten* (Berlin: Springer, 1934). (邦訳=ヤーコプ・フォン・ユクスキュル+ゲオルク・クリサート『生物から見た世界』日高敏隆+羽田節子訳、岩波文庫、2005)
12. Alessandra Ponte, "Mapping in the Age of electronic Shadows," in *Thinking the Contemporary Landscape*, ed. Christophe Girot and Dora Imhof (New York: Princeton Architectural Press, 2017), 208–28.
13. Bruno Latour, "Les 'vues' de l'esprit," 79–96.
14. Jacques Derrida, "Introduction," in Edmund Husserl, *L'origine de la Géométrie* (Paris: Presses Universitaires de France, 1962): 125–38. (邦訳=ジャック・デリダ「『幾何学の起源』序説」、エドムント・フッサール『幾何学の起源』[田島節夫ほか訳、青土社、2003]所収、197–233頁)
15. Gilles Deleuze and Félix Guattari, *Mille Plateaux*, vol. 2, *Capitalisme et Schizophrénie* (Paris: Editions de Minuit, 1980), 9–37. (邦訳=ジル・ドゥルーズ+フェリックス・ガタリ『千のプラトー——資本主義と分裂症（上）』宇野邦一ほか訳、河出文庫、2010、13–61頁)

建築とアートのあいだに
井関 悠

　1932年、ニューヨーク近代美術館で開催された「モダン・アーキテクチャー」展は、美術館における初の建築展として歴史に名を残している。同展は、ル・コルビュジエやヴァルター・グロピウス、ミース・ファン・デル・ローエらの、当時ヨーロッパに隆盛するモダニズム建築を取り上げ、その意匠を類型化し、インターナショナル・スタイルというひとつの様式として原理化したものであった。「モダン・アーキテクチャー」展、および同展図録と併せて刊行された『インターナショナル・スタイル──1922年以降の建築』(ヘンリー＝ラッセル・ヒッチコック＋フィリップ・ジョンソン、1932)はともに、以後世界を席巻していくモダニズム建築を、いち早く一般へも広く開くものとなり、図面と模型から建築家の意図を読み取るという建築展の原型となったといえよう。それまで美術館がその収集の対象外としていたデザイン、写真、映画そして建築を、ニューヨーク近代美術館が1929年の開館当初より新時代の表現として収集してきたことと深く関係する。同館が近代美術を牽引してきただけでなく、20世紀モダニズムという歴史観の形成に深く関与していったことは、建築展というかたちについても同様に見ることができるだろう。以降の建築展の多くは「モダン・アーキテクチャー」展の延長線上にあり、いかにそれを乗り越えていくかを指向してきた。そして実物展示が不可能とされる建築展において、昨今では建築の再現や実寸模型、細部模型など展示物を大型化することで実物の不在を埋める試みがなされているが、これには美術館の大型化、アートにおけるインスタレーションという表現手法からの反映が認められるといえよう。しかし、これらの展示手法が人の営みとしての建築を観賞者に伝え、その本質を明らかにするものとなっているかについては議論の余地があるだろう。

　これらに対し「建築の民族誌」と題する本展は、次に挙げる2つの特徴的な要素から成り立つ。まず第一に、建築展でありながら模型、図面や素材やディテールなど、建築を説明するうえで必要と見做されてきた要素を含まない。近代における記録の中心となる写真すら存在しない。この日本館にあるのは、壁面を覆うドローイング、そして絵画作品であり、いわば時代の潮流とは対照的な展覧会構成となる。そして第二に、本展キュレーターである貝島桃代の本展企画と作品選定における哲学がある。

　「建築の民族誌 (Architectural Ethnography)」という新しい造語が登場した背景は次のようなものである。民族誌学は、日本においては1920年代に確立し、本来は文化人類学の中心的研究手法であった。それからおよそ1世紀を経て、近年になりさまざまな研究分野で注目を集めている。民族誌学とは、異なる文化を記述し記録する実践的学問であるが、調査対象と直接コンタクトし、自分自身で感じ思い考えるというフィールドワークの方法論でもある。貝島の「建築の民族誌」はまさしくこれらのアプローチから生起され、2011年の東日本大震災発生後の津波被害を受けた漁村での彼女自身の調査体験によって促されたものである。人々の記憶を紡ぎ、村の風景や人々の暮らしの断片を収集し、それらをもとに新しいひとつの空間を創造する。この一連の作業のなかにこれからの建築が歩むべき姿を垣間見たのかもしれない。貝島は本書に寄せた論考のなかで、「建築の民族誌」は本質的に「断片化した現代社会をつな」ぐことであり、建築の内と外の両側に立脚した批評を構築することであると述べている。

　ドローイングは「建築の民族誌」の取り組みを具現化するだけでなく、理論を補強するうえでもきわめて重要な役割を担うものである。貝島は本展で取り上げる現代的なドローイングを示し、「私たちは同時代のドローイングのなかに多くのことを発見し、そこから学ぶことができるはずである」と主張する。CADによる均質な線は、業務の効率化と簡素化の恩恵をもたらし、3DCGやBIMなどのシミュレーション技術、高度な数学や物理学と結びつくことで建築の可能性をさらに拡張してきた。図面には必要最小限の情報が表されている一方、そこには描く者の個性、あるいはある種の遊びが減衰しているように思われる。貝島はこれに取って代わり、人間の手で描かれたドローイングが単に情緒的あるいは作意的な表現などではなく、人々にとって本

質的な意義と力をもつものであると考え、手描きによる線の重要性を説く。この力の根底には多くの要素が備わっているが、総じて"プレイフルネス（遊び）"という言葉に要約できるだろう。歴史家ヨハン・ホイジンガは『ホモ・ルーデンス』（1938）において、人間を「遊ぶ人」と規定し、「遊び」のなかに人間活動の本質があり、文化を生み出す根源となると述べる。貝島が本展にアート作品を含める理由はここにあるのかもしれない。そして本展には貝島の「建築の民族誌」における主張に基づき、ある特定の場所や地域を想起させる作品が集められている。

　手描きによるドローイングの強度を成す明確な要因を、この場で列挙するにはあまりに多種多様であるが、しかしそれらは本展においてより深く、より詳細に、そして力強く、顕著に表されている。ここではそのうちのいくつかを例に考察することで、これらがもつ強度の主な理由を明らかにしたい。まず第一に、実利主義的な建築に対し、アートはフィクショナルな要素を多分に含みうるものである。古今東西のさまざまな事象や風俗を、時空を混在させ、卓越した画力によって描き込む画家の山口晃は、日本国内有数の温泉地であり、日本近代文学を拓いた夏目漱石の『坊ちゃん』の舞台でもある愛媛県松山市道後町で描いた「One Hundred Views of Dogo（道後百景）」（2016）において、『坊ちゃん』の主人公と自身を重ねあわせ、余所者としての視点から同地域をつぶさに観察して描き、機知に富んだ私的観光案内ガイドを制作した。

　第二に、ドローイングはそれ自体暗号的なものとして機能し、また鑑賞者が解読することのできる可能性をもつものであるということが言える。文化人類学的観点から都市や文明、またそこに暮らす人々を事細かく観察するFlorian Goldmannは、自身の作品「Flexible Signposts to Coded Territories（奔放な標識、コード化された縄張り）」（2008–2012）において、ギリシャの首都アテネの街中に描かれたフットボール・フーリガンたちのタギングを地勢学的に捉えている。ストリート・アートが街に介入することにより、彼らのテリトリー——サッカー場から居住区、パブ、公共交通機関など——が記されてゆく。Goldmannは、アテネの街の随所に描かれたタギングを収集し、分類し、マッピングしていくことで、アテネにおけるスポーツの祝祭的空間を鮮やかに浮かび上がらせた。もうひとつ、ドローイングが可能にする表現として、移動と連続がある。光を透過する薄い布を用いて建築物を建ち上げる「ファブリック・アーキテクチャー」シリーズで知られるDo Ho Suhの「My Home/s: Staircases - 2（わたしの家、階段　その2）」（2012）は、彼がこれまでに暮らした家々の部屋を時系列に積み上げ描いた作品である。そこでは、彼の祖国である韓国、留学先のアメリカ、そしてその後も移り住んできた居住空間が、高さ4m、幅1.2mの巨大なドローイングとなる。同作品は、グローバル化がもたらした移動の時代ともいえる現代における住居のあり方を示すとともに、そこでの暮らしの記憶をささやかに紡いでいる。

　次に、観察と思索の一形態としてのドローイングの例を挙げる。須藤由希子は、自身の暮らす都市の住宅街で目にした風景を描く。戦後、住宅不足解消のために導入されたプレハブ住宅が大半を占める日本では、没個性的で規格化された住宅が並ぶが、植栽がそこに暮らす人々のささやかな表現となっていることに彼女は目を向ける。「W House（W邸）」（2009–2010）は、何世代にもわたって住み継がれた東京の中心にある住宅の取り壊しが決まり、家主より依頼されて制作した9点組の作品である。庭を中心に、家をさまざまな視点からていねいに描き、そこでの日々の暮らしを記録するとともに、それを他者へと開くものともなっている。

　最後に、ASSEMBLEを例に、ドローイングを描くことは単なる自己言及的な行為ではないことを示したい。建築、アート、デザインなど複数の領域をまたぐ集団、ASSEMBLEは、2010年に18人のメンバーによって結成された。彼らはリバプール、トックステスで行った「Granby Four Streets（グランビー・フォー・ストリーツ）」で、1900年前後に建築された同地区の住宅群および公共空間の取り壊しに抵抗して保存運動を行う住人とともに、政府や企業によるジェントリフィケーションとは異なる手法で地域再生のためのプロ

ジェクトを行っている。彼らは各メンバーの専門性を活かし、地域が抱える問題に対して、建築、アート、デザインの領域をあえて明確に区分せずアプローチする。彼らの特徴ともいえる"共同作業"は、「互いの挑戦を支え、制作、対話に対する総合的、社会的活動によって構築されたアイデアの漸進的な積み重ね」によって成立する[1]。彼らは建築とアートを結ぶ架け橋となるとともに、"共同"の概念を拡張し建築とアートを社会的実践へとつなぐ新しい潮流となるだろう。

これらの例を鑑みると本展には興味深い二重性が存在する。ドローイングはアートとしてあるだけでなく、工具や手段もしくはものの見方として、優れて本質的に「建築の民族誌」に適合するということである。またこれらのドローイングは多くの教訓と目的を分かち合い、描かれた特定の状況や場所、地域を観る者に克明に想起させるという力をもつ。本展において明確に示されているように、とりわけ建築における人間という観点からこれらの作品は互いに情報を提供する。したがって「建築の民族誌」と本展に集められた作品群が、ニューヨーク近代美術館による1932年の提言をいみじくも反転していることはけっして偶然ではない。建築はアートとしての建築として存在するのではなく、アートの宿主となるのであり、そして今、単に制度としてではなく、共同利用を促し地位向上を図るためでもなく、互いの利益と相互交流し合う力を深く認識するのである。

地理学者のイーフー・トゥアンは自著『空間の経験──身体から都市へ』(1977) において、人がどのように「空間」と「場所」を感じとり、考え、そしてどのように行動するのか、人間を主体にした考察を展開するなかで、「われわれがある物体や場所を全体的に経験するとき、つまり活動的で思索的な精神の知的働きを通して経験するだけでなく、すべての感覚をも通して経験するとき、その物体や場所は具体的な現実性を獲得する」と述べ[2]、地理学から奪い取られていた「人間」の身体と精神の回復の必要性を主張する。また建築家の伊東豊雄は、東日本大震災後、被災地に「みんなの家」を建てていくなかで、「普通に暮らして いる人たちの思いに立ち返ることが、建築家にとって重要であるだけでなく、建築とは何かに関わる本質的意味を持った取り組みでもある」と感じたという[3]。貝島の「建築の民族誌」という新たな試みは、急速な変化の波が絶えず押し寄せる現代社会で、今一度立ち止まり、建築・都市・環境の連関と、そこに暮らす人々の歴史や風土、生活への再考を促し、21世紀の建築像を暮らしの側から照射することとなるだろう。

1 フランシス・エジャリー「東京藝術大学特別講義 2017年1月25日」アセンブル 共同体の幻想と未来』展図録 (SCAI THE BATHHOUSE、2017、30頁)
2 イーフー・トゥアン『空間の経験──身体から都市へ』(山本浩訳、ちくま学芸文庫、1993、39頁)
3 伊東豊雄+中沢新一『建築の大転換 増補版』(ちくま文庫、2015、201-202頁)

Works

A：光と影、奥行き、透明性が格子パターンで現されていますね

A（建築）：とても細かい植物の描き込み

E（民族誌）：空は白いままで描かれています

A：季節の花々や植物の芽吹きに色がついてる

E：日本庭園の手水鉢と西洋風タイルが隣り合ってる

W House（W邸）
須藤由希子
Tokyo, JP
2009–2010

「W邸」は、何世代にもわたって住み続けた家を解体することを決断したクライアントから、記念に絵を残したいと依頼を受けて制作された鉛筆画であり、部分的に着彩されている。ドローイングは、敷地の9つの場面——玄関、通りに面した壁の立面、部屋からの窓越しの眺め3点、テラスの眺め、そして異なる季節の庭の姿3点——を記録したものだ。

家を手放すクライアントに対して、須藤由希子は家族の歴史の痕跡を集め、それをなぞるように描くことで応えている。2009年、彼女はこの家を6度訪問し、家族や家政婦にインタビューを行い、家の内外のあらゆる空間をスケッチ、写真を用いて詳細に調べた。これをもとに描いたドローイングは、ありふれた細部を取り上げることで、何世代にもわたり住み手に影響を及ぼしてきた建築や環境の大きな変化を示している。あるドローイングでは、かつて瓦葺きの屋根が掛かった平屋の住宅が度重なる増改築を経ることで、伝統

と現代性が折り重なったさまを切り取っている。ほかのものでは、伝統的な日本庭園の石と西洋の植物が混在する庭を描写することによって、複数の世代によって受け継がれた変化とともに四季のうつろいを際立たせている。

ドローイングは、鉛筆の精密な描写と絵の具の柔らかい色彩を組み合わせ、各々の要素をじつに細やかに、木の葉一枚一枚や、石一つひとつまで、丹念に描写している。最終的に全体の絵を見ても

これらの要素を明確に認識し分析できるのは、要素を集積・構成する際にある種の抽象化がなされているからである。画面内の要素、特に木々の枝葉を段階的なレイヤーとして描くことによって、空間の奥行きが表現されている。こうした細部の描写が、見る者を立ち止まらせ、作家が現場で観察や最終的な制作に費やした時間を想像させ、この作品と向き合わせるのである。

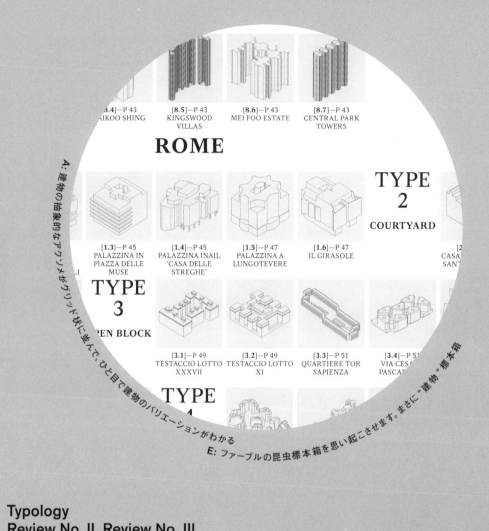

A: 建物の抽象的なアクソメがグリッド状に並んで、ひと目で建物のバリエーションがわかる

E: ファーブルの昆虫標本箱を思い起こさせます。まさに"建物"標本箱

Typology
Review No. II, Review No. III
(類型学：2巻、3巻)

Emanuel Christ and Christoph Gantenbein / ETH Zurich
Hong Kong, HK; Rome, IT; New York, US; Buenos Aires, AR; São Paulo, BR; Athens, GR; Delhi, IN
2012, 2015

『Typology』は世界7都市の20世紀建築150作品を取り上げた、数巻からなる研究書である。香港の「ペンシルタワー」からアテネの集合住宅までが詳細に記録され、単純なものから複合的なものまで、建築ボリュームの構成による形態で分類されている。すべての作品は、地上階より構成の違いが強調された基準階平面図1面、主たる立面の写真1枚、短い説明文、都市の文脈を示す配置図、線画の軸測投影図で記録されている。軸測投影図において建物の外形は、不透明でスケール感のない白いボリュームで抽象化されている。また平面図では壁断面は塗りつぶされ、家具や人といった生活の痕跡はすべて排除され、建築物の大きさに応じた異なる縮尺が設定されている。このような形態・空間・構成の特性を強調することは、各事例に番号を振り、建物を記号化・抽象化した表現で、さらに印象づけられる。こうしたアプローチにより、各都市の時間性が暗に強調され、日常での偶発的な事件と、形態の担う永

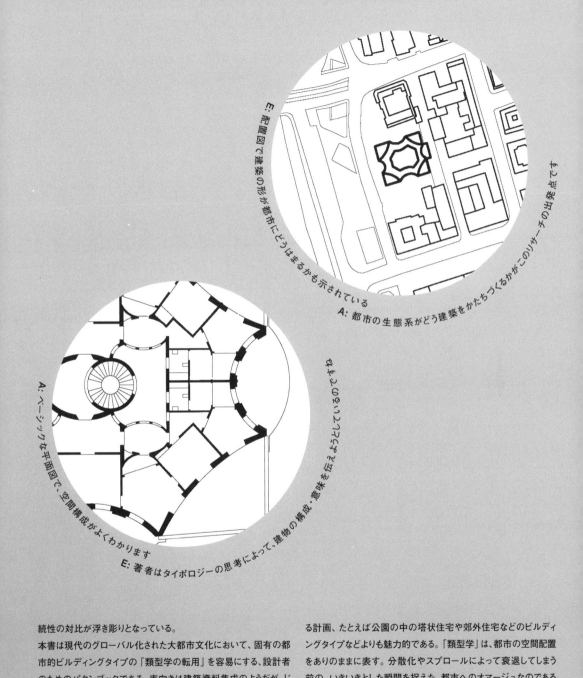

E: 配置図で建築の形が都市にどうはまるかも示されている

A: 都市の生態系がどう建築をかたちづくるかがこのリサーチの出発点です

A: ベーシックな平面図で、空間構成がよくわかります

E: 著者はタイポロジーの思考によって、建物の構成・意味を伝えようとしているのですね

続性の対比が浮き彫りとなっている。

本書は現代のグローバル化された大都市文化において、固有の都市的ビルディングタイプの「類型学の転用」を容易にする、設計者のためのパタンブックである。表向きは建築資料集成のようだが、じつは、そうしたマニュアルとは異なる視点をもっている。それは、建築における生産性の向上ではなく、むしろ、現代都市における実用主義である。その複雑性、密度、差異、開放性は、都市計画家による計画、たとえば公園の中の塔状住宅や郊外住宅などのビルディングタイプなどよりも魅力的である。「類型学」は、都市の空間配置をありのままに表す。分散化やスプロールによって衰退してしまう前の、いきいきとした瞬間を捉えた、都市へのオマージュなのである。

TYPOLOGY

HONG KONG ROME NEW YORK BUENOS AIRES

INTRODUCTION	TYPOLOGY TRANSFER—TOWARDS AN URBAN ARCHITECTURE (GERMAN AND ENGLISH)	3
ESSAYS	HISTORICAL INSIGHTS ON HONG KONG, ROME, NEW YORK AND BUENOS AIRES	16
TYPOLOGY	PLANS, AXONOMETRICS AND DESCRIPTIONS	22
PHOTOGRAPHS	VIEWS OF HONG KONG, ROME, NEW YORK AND BUENOS AIRES	105
APPENDIX	SOURCES, BIBLIOGRAPHY, IMPRINT	202

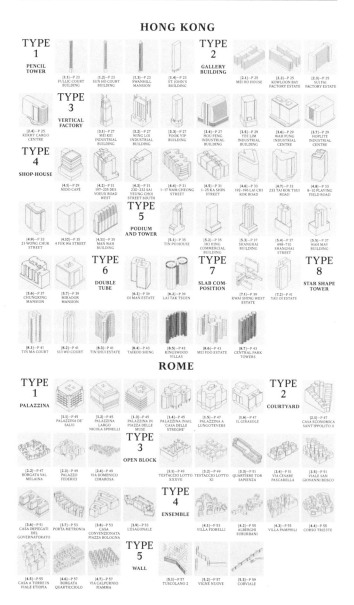

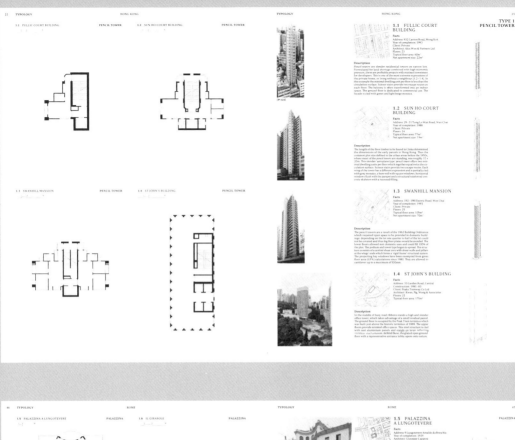
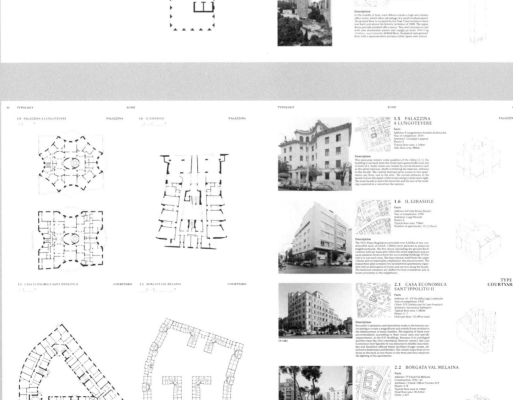

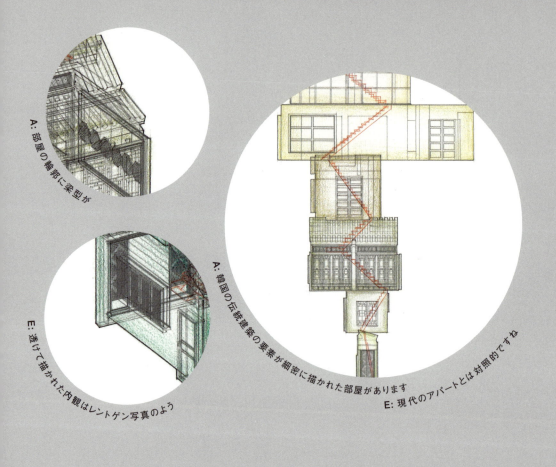

A: 部屋の輪郭に梁型が

A: 韓国の伝統建築の要素が細密に描かれた部屋があります

E: 透けて描かれた内観はレントゲン写真のよう

E: 現代のアパートとは対照的ですね

My Home/s: Staircases - 2
（わたしの家、階段　その2）
Do Ho Suh
Seoul, KR; Providence, US; New York City, US; Berlin, DE; London, UK
2012

この作品は Do Ho Suh による着色された鉛筆画のシリーズで、生活空間における彼の自伝的な記憶を伝えている。ドローイングは、作家が生まれた韓国から最終的にイギリスに住まうまでの55年の歴史を記録したものであり、彼が住んだすべての家を年代順に並べ、ひと続きの空間として表現している。
写真や平面図から家族へのインタビューまで、多様な資料をもとにそれぞれの家の記憶が掘り起こされ、個々の部屋は直線状に並べたかたちに分解され再編成される。アクソノメトリック図と正射投影法、ともに同じ縮尺で描かれたこれらの空間の集積は、水平方向に展開する作品では軸線状に各部屋が続くアンフィラードのように、そしてこの作品のような垂直方向に展開するものは、赤線で加筆された独立する階段でつながれている。各部屋の内部は、床、壁、窓、屋根の梁など建築要素という鋳型によって輪郭がかたどられたように見える。その一方で、外側から内部が透ける不思議な透明性が

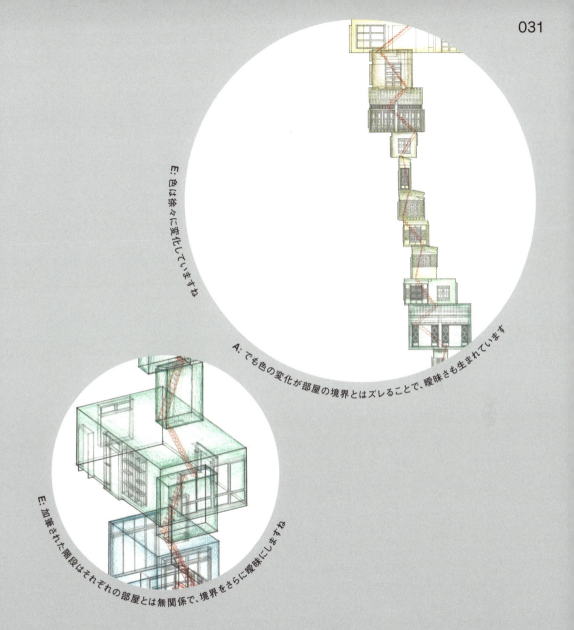

E: 色は徐々に変化していますね

A: でも色の変化が部屋の境界とはズレることで、曖昧さも生まれています

E: 加筆された階段はそれぞれの部屋とは無関係で、境界をさらに曖昧にしますね

付与されることで、その物質性は消されている。色のグラデーションは、個々の家のまとまりを曖昧にし、全体の流れに別のリズムをもたらし、転居や移住が徐々にさまざまな背景をもって行われた印象を与えている。

これはひとつの連続空間をつくりだす技法である。各部屋のドローイングには装飾や細部が記録され、それぞれの家の文脈や様式が含まれる。しかし全体構成としては、真っ白な紙の上にひと続きの空間が純粋に存在しており、垂直あるいは水平方向に連続する私的な時間、文脈から切り離された一個人の暮らしの記録となっている。この手法は、都市居住者が経験する現代住宅の民族誌を浮き彫りにするとともに、遊牧民的な生活の現実性によって否応なく断片化される暮らしの連関を明らかにするともいえる。それは、離散した「家」の意味を問う、作家自身への答えでもある。

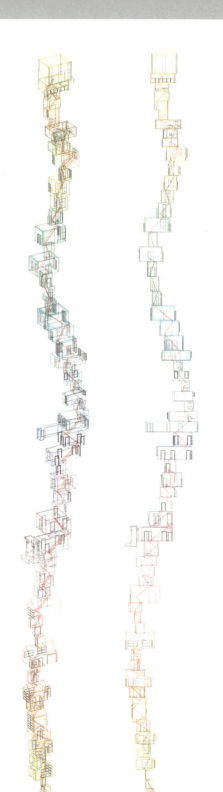

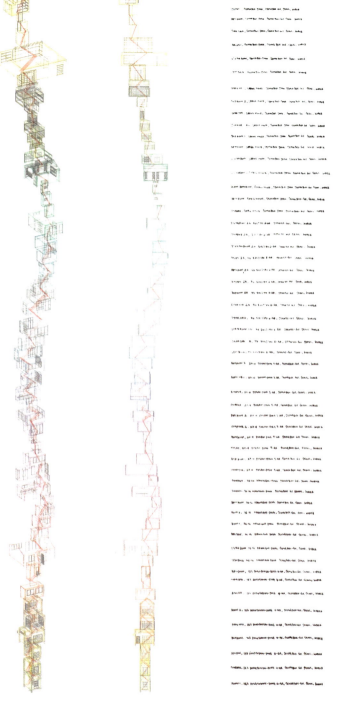

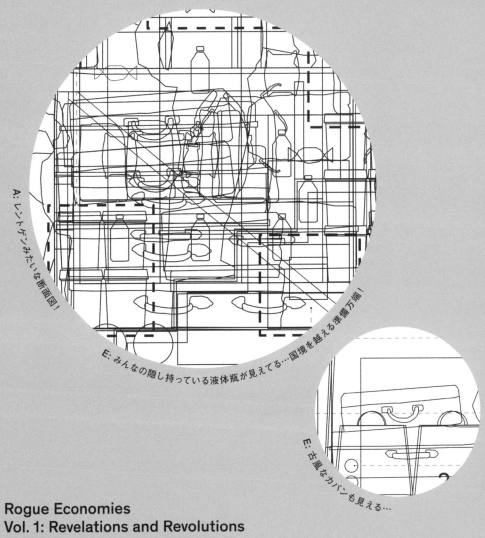

A: レントゲンみたいな断面図！
E: みんなの隠し持っている液体瓶が見えてる…国境を越える準備万端！
E: 古風なカバンも見える…

Rogue Economies
Vol. 1: Revelations and Revolutions
（悪漢の経済 Vol.1：新たな事実と革命）
GSA Unit 14 / University of Johannesburg
Johannesbugr, ZA
2017

本書はアパルトヘイトの終焉以降続いているヨハネスブルグの混沌を調査した報告書の第1巻目であり、「台頭する新自由主義経済はヨハネスブルグの都市環境を形成し、またその逆も然り」という仮説に基づき、目に見えない経済活動とその作法を探究している。調査チームの目的は、たとえば既存の都市構造ゆえに発生する強盗などといった無計画な犯罪を追うことで、アパルトヘイトの建築を非難すると同時に、アパルトヘイト後の混乱のなかで急伸してきたもうひとつの経済、たとえば、バスなどの公共交通網によって政府の課税を逃れながら商品を運ぶことや、公的な金融機関を使えない移民のあいだで行われる信用取引などをマッピングすることである。
本書は、都市研究の輸入、交通、インフラ、広告、建設工事などの主題、および地図、写真、コラージュ、アクソノメトリック、平面図・断面図などの表現技法の、両方に関する多くのアプローチを示している。多様な表現を展開しながら繰り返し用いられるのは、都市

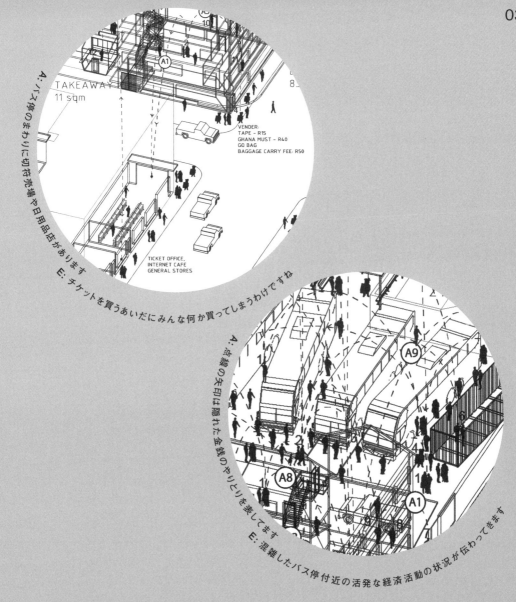

環境に、アンダーグラウンドな経済活動における見えないパターンを重ね合わせる手法である。建築の図面表現ではよく見られる非物質的な建築の透明性を利用し、情報が集約する場所、扇状に広がる軌道、異なる色調の重ね合わせなどの表現により、見えない経済パターンを可視化している。

ひとつのグローバルな現象であるものの、ヨハネスブルグ固有の社会史、地理的位置、都市環境を示すことは、現代の新自由主義経済の一側面を描くものとなる。ある意味伝統的な空間表現図法を用いて犯罪や移動、循環、商品化などを描くこのチームのグラフィック技法が、追随する若い建築家たちを奮起させ、この抵抗と変革の立役者たらしめたのだ。このプロジェクトの長期的目標は、この見えない経済パターンを組み込んだ都市の形態を新たに確立することである。

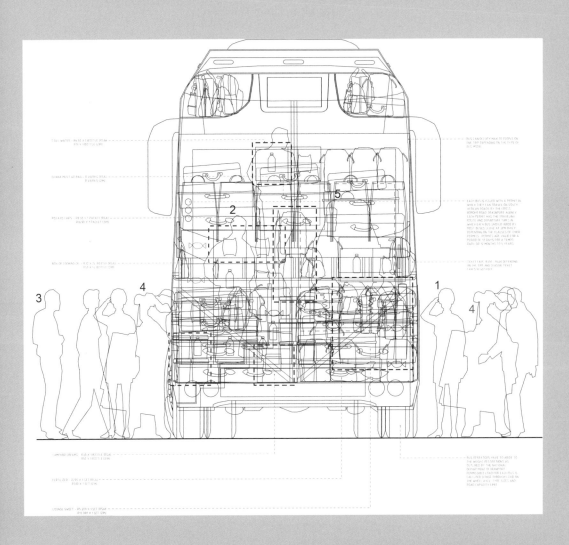

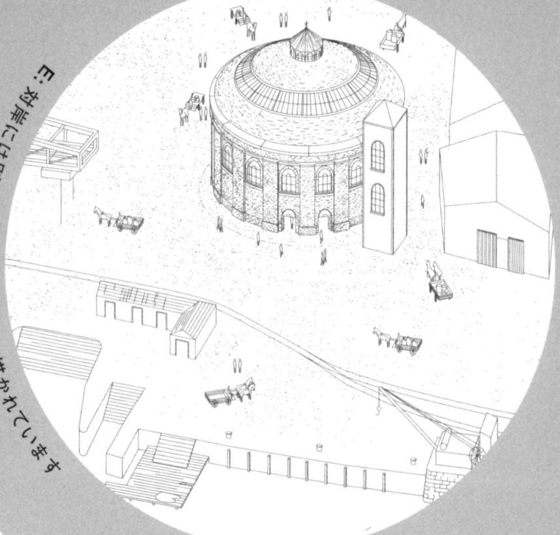

E: 対岸には別の時間が歴史として描かれています

A: 川は時間を隔てる境界です

E: 現代の川縁の荒廃した様子が見えます

A: 人が数人だけ描かれることで、この場所の空虚さが伝わってきます

Glasgow Atlas
（グラスゴーの地図帳）
Studio Tom Emerson / ETH Zurich
Glasgow, UK
2014

本書は、2008年の金融危機（リーマン・ショック）後の不況に、従来の資本集約型の手法でグラスゴーを脱工業化・再興するのは現実的ではないと認識された時期に行われた、学生41人による調査結果である。グラスゴーを記録し、この都市の潜在的な可能性を見極め、より良い未来を展望することが目的であった。
主な調査方法は、地元の案内役とともに街を歩くことだった。そこでは、グラスゴーの特徴をつくりだす多様で、時には矛盾する都市要素、つまり記念建造物や高架橋の廃墟、素晴らしい鋳鉄建造物や倉庫、造船所やパブリック・ガーデンなどを調査できた。こうした結果をもとに、都市全体に存在する別の時間性、たとえば建築を自然と結びつける季節の流れ、あるいは過去と現在とをつなぐ歴史の流れの存在を示し、「成長の後に衰退が続く」という決まり切った筋書きからグラスゴーを解き放とうとした。
調査は、Richard R. S. Fitterによるロンドンの自然史へのアプ

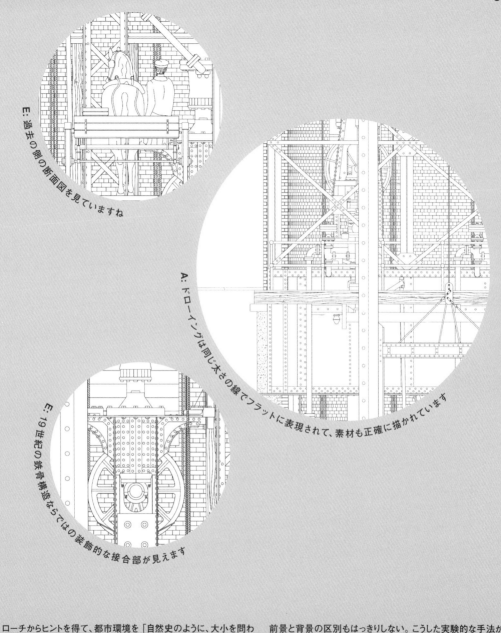

E: 過去の側の断面図を見ていますね

A: ドローイングは同じ太さの線でフラットに表現されて、素材も正確に描かれています

E: 19世紀の鉄骨構造ならではの装飾的な接合部が見えます

ローチからヒントを得て、都市環境を「自然史のように、大小を問わずすべての要素が全体とかかわっている」ものとして扱った。都市の中心部と周縁部を行き来しながら、本書は3種類の表現——写真、模型写真、そして多数の線描画——を同時に見せることで、異なる環境を映し出している。線描のドローイングでは、ひとつの絵に異なる空間や時間の流れを描くため、対比的な表現方法がしばしば用いられる。すべてのドローイングは均一な太さの線で描かれ、前景と背景の区別もはっきりしない。こうした実験的な手法が組み合わせられることで、見る者は、過去と現在、文化と自然、記念建造物と普通の建物、最盛期と衰退期といったものの連関を認識しうる。そうした気づきから、脱工業化後のグラスゴーの未来を、市民とともに描くことが、このプロジェクトの願うところである。

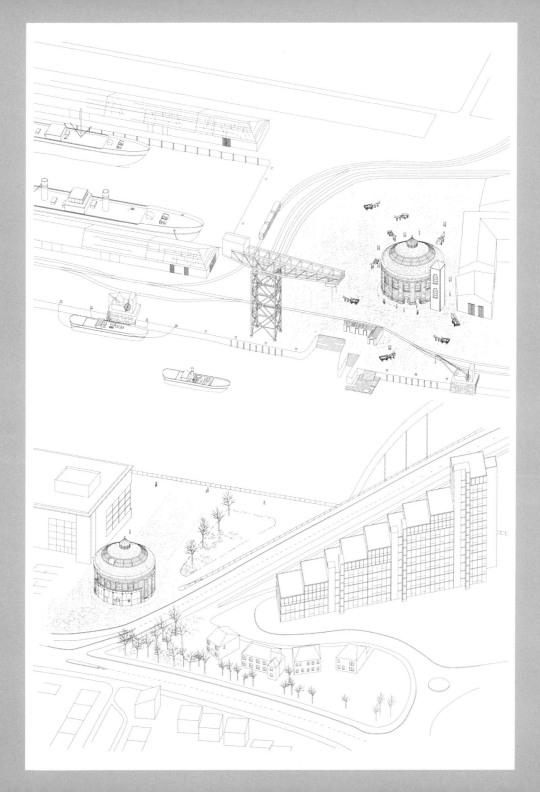

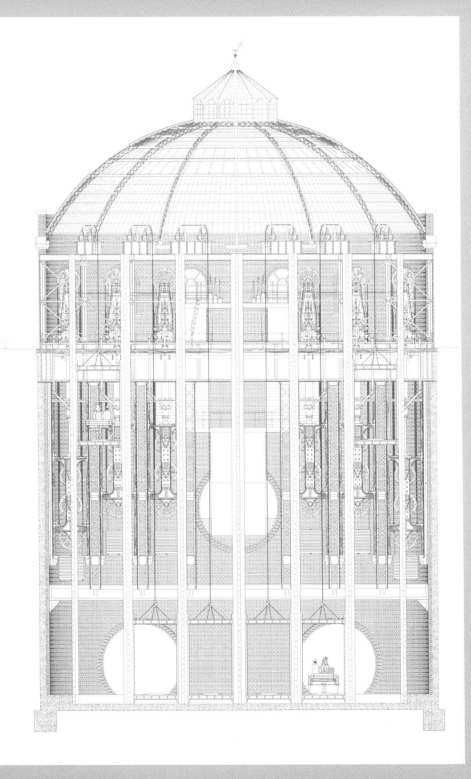

A: 注目した箇所以外のドローイングは抽象的なままですね

E: ポスト社会主義時代の、ポーランドの都市再生プロセスがよく描かれています

A: ポスト社会主義中の箇所もありますね

Postmodernism Is Almost All Right
Polish Architecture after Socialist Globalisation
（ポストモダニズムはおおむね正しい：社会主義後のグローバル化したポーランド建築）
Piotr Bujas, Łukasz Stanek, Alicja Gzowska, Aleksandra Kędziorek
Choszczno, Jozefow, Krakow-Nowa Huta, Lodz, Magdalenka, Opole, Warsaw and Wroclaw, PL
2011

ワルシャワ近代美術館で開催された展覧会およびそのカタログでは、1970年代から80年代に世界各地をまわり、「第三世界」の社会主義国で仕事をしてきたポーランドの建築家が紹介された。外国という文脈に身を置き、そこで初めて建築家たちは、ポストモダンの理論、形態、材料、技術に触れた。共産主義の崩壊後、彼らの経験はポーランドにおけるポストモダン・カルチャー興隆の原動力となった。このタイトルは、ロバート・ヴェンチューリとデニス・スコット＝ブラウンが消費社会を評価した言葉「メインストリートはおおむね正しい」になぞらえている。

この展覧会は、こうしたポーランドの建築家が外国で行った設計と、帰国後に行った国内での設計を比較したものだ。作者は外国におけるポーランド人建築家のプロジェクトのドローイング、平面図や写真を集めたことに加えて、9人の若手建築家にポーランドの11のポストモダン建築と周辺環境を描くアクソノメトリック図を依頼した。

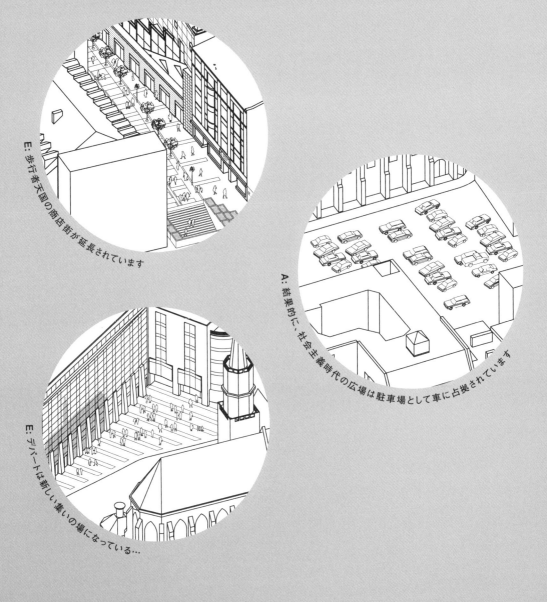

E：歩行者天国の商店街が延長されています

A：結果的に、社会主義時代の広場は駐車場として車に占拠されています

E：デパートは新しい集いの場になっている…

カタログでは、それぞれの周辺環境は4ページで紹介されている。最初の見開きには、建物の短い紹介文と小さな写真、そして建物のアクソノメトリック図が含まれる。重要なのは次の見開きで、範囲を拡大し、近くにある他の建築と範囲を重ね合わせながら、対象となる建築のより広範囲な都市的文脈の研究としてドローイングが描かれていることである。これらの4ページで、限られた範囲での詳細図からアクソノメトリック図で描かれた周辺環境、そして都市構造のスプロール現象にまでドローイングの縮尺を変化させながら、「社会主義以後のポーランドの都市化のプロセス」が明らかにされている。また、この縮尺を横断する感覚は、建築の自律性というポストモダン的物語性を複雑化する。展示されている写真のクローズアップ画像は一目で理解され消費されうるものであるのに対し、この建築の文脈を描いたドローイングは、見る者の目に、都市の複雑性を表そうとする記号学的イメージを再び刻み込むのである。

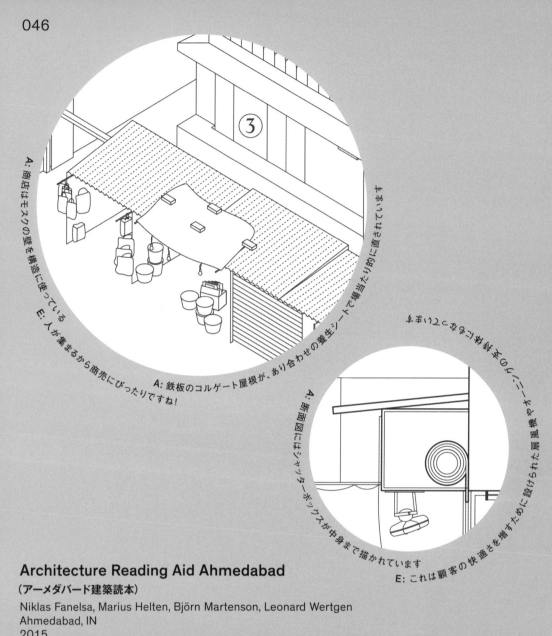

Architecture Reading Aid Ahmedabad
（アーメダバード建築読本）
Niklas Fanelsa, Marius Helten, Björn Martenson, Leonard Wertgen
Ahmedabad, IN
2015

本書は、アーメダバードの建築家バリクリシュナ・ドーシが主催する国際ハビタット・デザイン・ワークショップで始まった、これまでにない旅行ガイド制作の第1弾である。それはル・コルビュジエ、ルイス・カーン、チャールズ・コレア、そしてドーシ自身が手がけた戦後建築で有名なこの都市に着目し、名所を中心にまわる従来の観光ルートではなく、より広範囲の都市環境を対象とした観光スタイルを提案している。このように視点を変えることで、生活者の目線によるアーメダバードの日々の暮らしという、都市の特徴を分析・理解する方法を読み手に示している。つまり本書は異国情緒を求める「気楽な旅行者」のための使い捨てガイドではなく、都市を「観察し、経験することへの招待」のためのものである。

本書は、アーメダバード周辺を広範囲にわたって歩いた産物といえる。迷路のような道を辿り、中心市街地と周縁部での32の場所を紹介している。この調査ではアーメダバードを代表する建築も日常

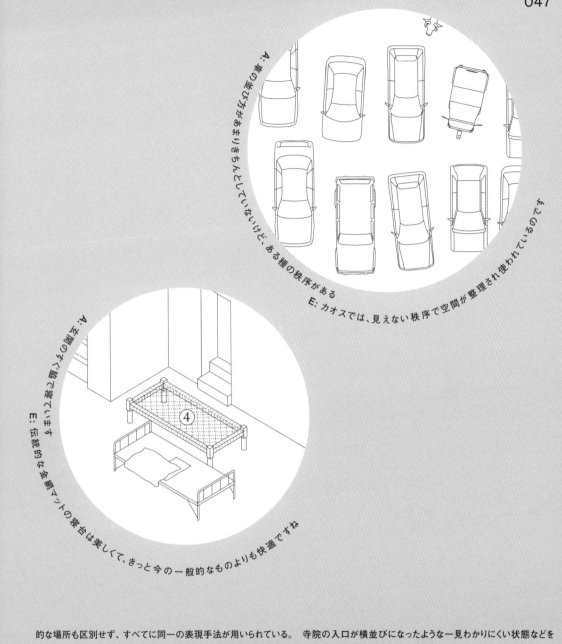

A: 車の並び方があまりきちんとしていないけど、ある種の秩序がある
E: カオスでは、見えない秩序で空間が整理され使われているのです

A: ベッドの下で人々が寝ています
E: 伝統的な金網マットの寝台は美しくて、きっと今の一般的なものよりも快適ですね

的な場所も区別せず、すべてに同一の表現手法が用いられている。それぞれの場所は、必ず1枚の写真、縮尺つきの白黒線描ドローイング1点以上、そして物、機能、材料、文脈などを列挙する短い文章を含む4ページで紹介されている。いくつかのドローイングはアクソノメトリック図あるいは断面パースになっており、激しい往来によるアーメダバードの混沌が、幾何学的要素を組み合わせて抽象化されて表現されており、読者が複雑な相互関係、たとえば売店と寺院の入口が横並びになったような一見わかりにくい状態などを分析するうえでの一助となっている。

本書には地図も載っており、読者が街を探索する際に携帯できるようなデザインがなされている。ポケットサイズだから人力車で街を巡るときにも便利である。拡大鏡を覗いたように背景は取り払われ、人々は純粋にこの都市の空間構成を体験できる。

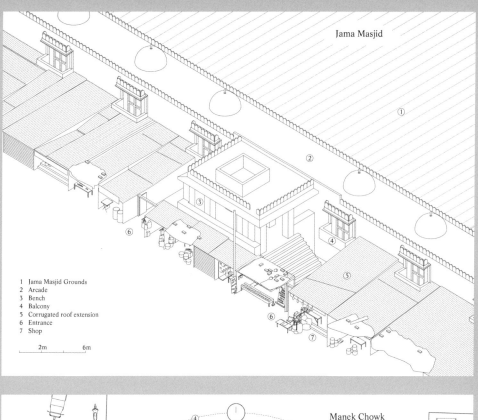

Jama Masjid

1 Jama Masjid Grounds
2 Arcade
3 Bench
4 Balcony
5 Corrugated roof extension
6 Entrance
7 Shop

2m 6m

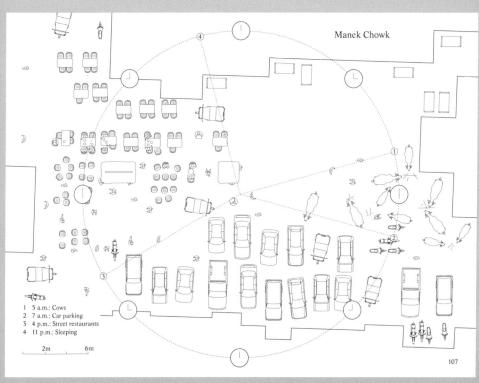

Manek Chowk

1 5 a.m.: Cows
2 7 a.m.: Car parking
3 4 p.m.: Street restaurants
4 11 p.m.: Sleeping

2m 6m

Shree Ran Jeweler

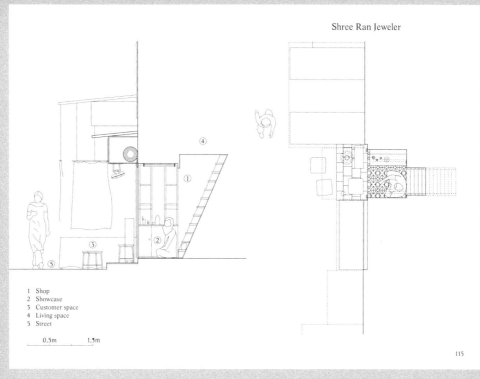

1 Shop
2 Showcase
3 Customer space
4 Living space
5 Street

0.5m   1.5m

Outside Sleeping

1 Street
2 Front door
3 Roof terrace
4 Charpai bed

1m   3m

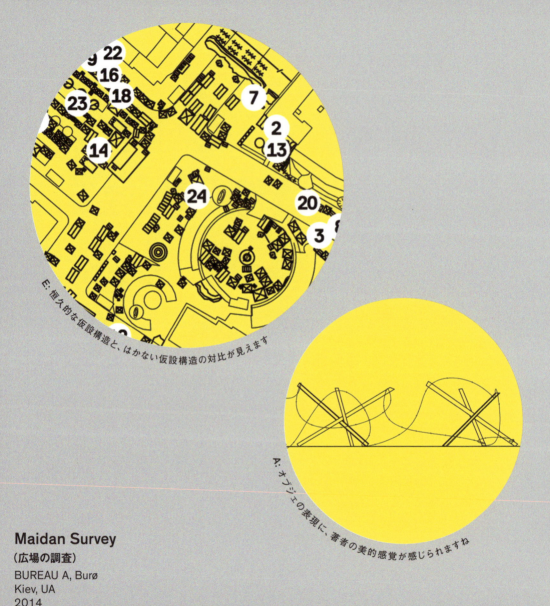

E: 恒久的な仮設構造と、はかない仮設構造の対比が見えます

A: オブジェの表現に、著者の美的感覚が感じられますね

Maidan Survey
（広場の調査）
BUREAU A, Burø
Kiev, UA
2014

本冊子は、2013年にウクライナで起こった反政府デモの建築的記録である。キエフの中央広場「ユーロマイダン」にちなんでこう呼ばれることになった抗議活動では、デモ参加者がウクライナ警察の弾圧から自らを守るため、パブリック・スペースを仮設的に再編成し、社会運動のための組織づくりに活用した。行動主義的な作家グループは協働して、「このような対立的な出来事のさなかで、どのように『自然発生的』な建築が現れ、構築されるか」を図化することに決めた。

この冊子は、作家たちのあいだでやりとりがなされた、広場およびその周辺の地図と写真、一連のドローイングを載せている。バリケード、投石機、盾、見張り塔、仮設小屋、野営の炉、そのほかの場当たり的に行われていった施工などの描写は、1万5,000人のデモ参加者が野営しながら広場を防衛した様子を捉えている。こうした建造物は、黄色い背景に線画で描かれた平面図と立面図で表現され、大きさに応じて並べられている。スケールはさまざまだが、ドロー

イングはほぼ同じサイズの紙に描かれ、各1ページのなかに収録されている。現実の状況は抽象化され、物質性、意味性は取りかかれ、デモ参加者の自然発生的な行動だけが、歴史のなかに記されるのである。

本冊子は、2011年カイロのタハリール広場やニューヨークのズコッティ公園から始まり、2013年のイスタンブールのタクスィム広場まで続いた、一連の反政府デモの系譜におけるひとつの頂点を記録しており、パブリック・スペースの占拠は現代の市民的不服従のかたちと密接に関係する建築的な事件であるという認識を伝えている。この調査は、ポストモダンの隔絶の時代の後、かつてのように社会に積極的に関与したいと願う建築家らにとって、国境をまたいで実現できるアプローチの可能性を示しており、この草の根的な組織において建築が担った役割を浮き彫りにしている。

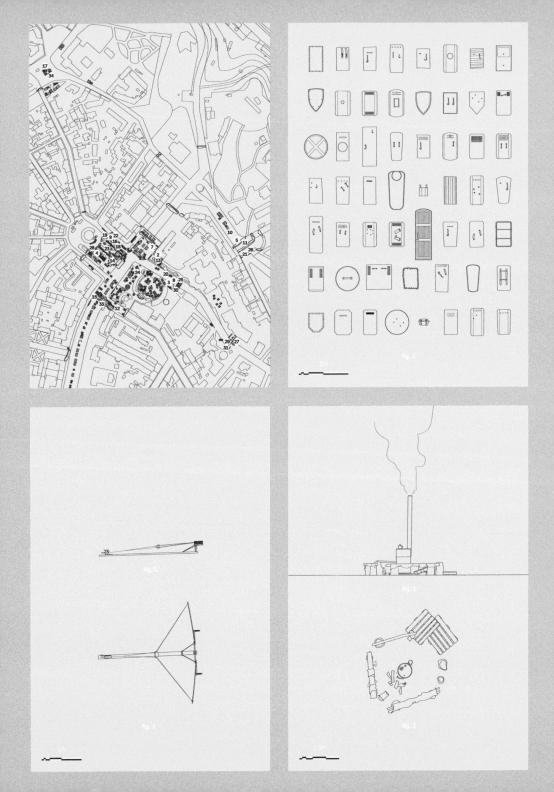

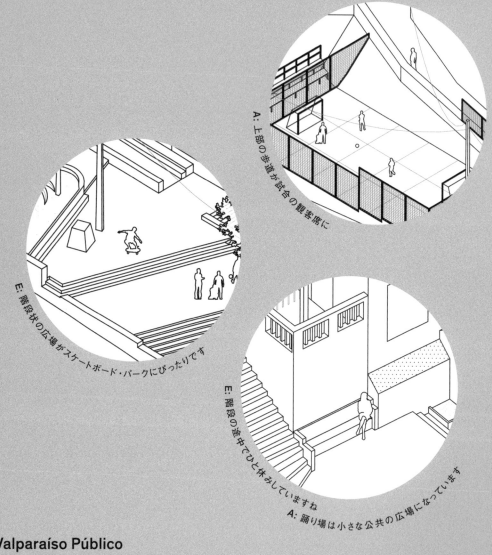

Valparaíso Público
(バルパライソの公共空間)

Marie Combette, Thomas Batzenschlager, Clémence Pybaro
Valparaíso, CL
2013–2017

自主出版による本書は、港町バルパライソの10の丘にある、50カ所の空間を調査した記録である。基本データ、記録写真、平面図、立面図、アクソノメトリック図を状況に応じて用い、場所の状況を詳細に描写、さらにこれらの場所を選んだ意図を説明する地図によって補完されている。
建築家たちは地形に呼応する都市のかたちを探すために、中心市街地から海辺にかけた規則的な格子状の街区から離れ、周縁の丘に登った。次に彼らは街路、路地、階段、広場などのパブリック・スペースに着目し、そこで暮らす人々の、地形に対する建築的なかかわりを示し、今後も彼らがこの地で暮らし続けるヒントを示す事例集をつくりあげた。
レイアウトされた紙面は、パブリック・スペース、地形、そして空間を

E: 建物が先か、階段が先か？

A: ちょっとぶつかり始めて曲率が……

E: バルコニー届きそう！

A: でも少し植物はワイルドですね。あ、浴槽が置いてある！

E: 住み手が、リサイクル品も使いながら少ない手数でパブリック・スペースを維持しているのかな。

利用する居住者との関係性について、建築家たちがどのように読み解いたかをよく示している。すべての事例について重要な表現となっているのは、アクソノメトリック図だ。レイアウト上でも、1ページに文字データ、写真による記録、平面図、断面図がまとめられる一方、アクソノメトリック図はそれだけで1ページまるごと割かれている。動線空間を最も効果的に見せるために、その建物がやや不格好な配置になってしまうという犠牲を払っても、画角は意図的に選ばれ、三次元投影の傾いた視点からバルパライソの丘の複雑な地形を美しく描写している。そして、アクソノメトリック図にはいきいきとした住民たちの姿が描かれ、スケール感と、パブリック・スペースでの人々の社会的な振る舞いを称えている。

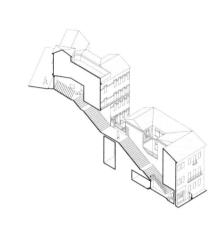

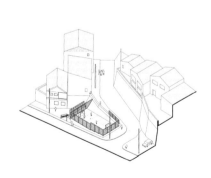

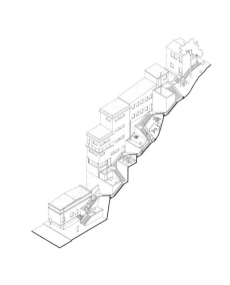

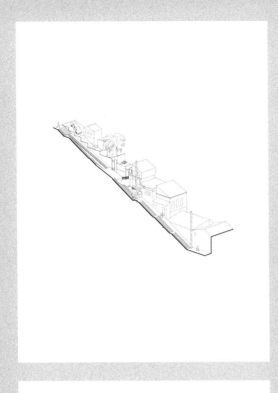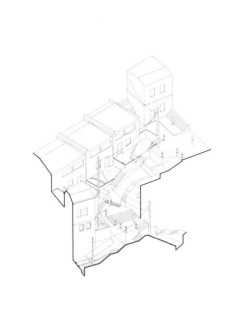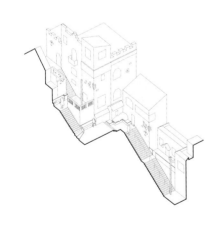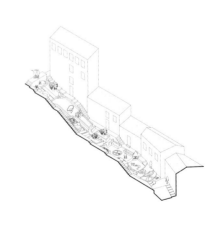

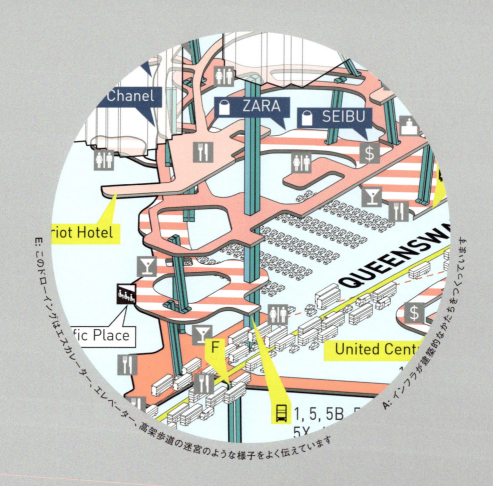

Cities without Ground
A Hong Kong Guidebook
（空中都市：香港ガイド）

Adam Frampton, Jonathan D. Solomon, Clara Wong
Hong Kong, HK
2012

本書は、香港独特の複雑で高密度な歩行者動線が編み出すネットワークを研究したガイドブックである。環境的に制御されたプラットフォーム、橋、トンネル、エスカレーターが連続する空間は、地上・地下双方のレベルで、港から丘に至るまで、また民間・公共の建物を問わず接続し、都市のパブリックエリアを三次元的に拡張させる。この調査は、徹底的な「現地調査」をもとに行われ、その成果として、ネットワークをかたちづくる異なる構成要素に着目した一連のアクソノメトリック図が描かれた。アクソノメトリックを用いることで、異なる地下インフラの相互関係を示すことができ、また建物のファサードを見せずに垂直方向の動線を強調することで、潜在的なあらゆる空間・機能の複雑な関係性を明らかにする。こうしたネットワークの環境的な特徴や、そこで起こる集会から写真撮影までの幅広いアクティビティは、分類されたうえで記号によって表現されている。フラットな水色の背景は海岸線による境界をなくし、作品タイトルが

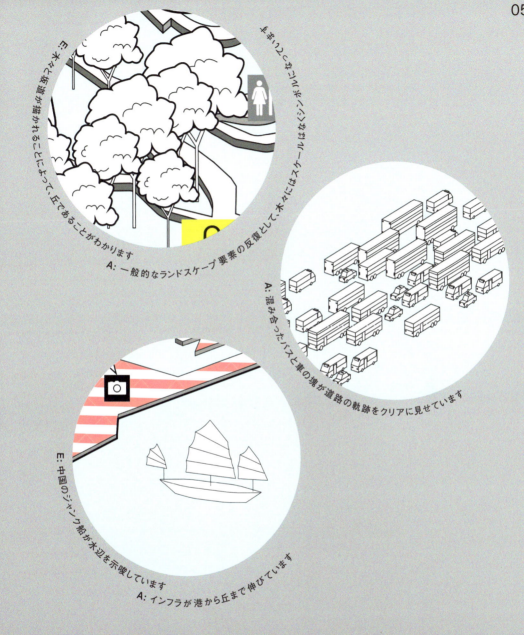

E: 木々や草木が描かれることによって、丘であることがわかります

A: 一般的なランドスケープ要素の反復として、木々には スケールはなく、シンボルとなっています

A: 混み合ったバスと車の塊が道路の軌跡をクリアに見せています

E: 中国のジャンク船が水辺を示唆しています

A: インフラが港から丘まで伸びています

示すような「地面のない」状態を視覚化している。唯一の地理的な基準を示すのは、かつての海岸線を指す赤い点線である。ネットワークの基準点となるのはドローイングごとに決められた「地上階」で、白とピンクのストライプで表されている。ほかのレベルは、層の高さに応じてピンク色の濃淡を使い分けて示される。

本書は、そもそもは移動とアクセシビリティのために構築された歩行者動線ネットワークが、社会的、文化的、政治的なアクティビティの空間となっていることを明らかにしている。また同時にこの作品は、都市空間を塊として表現した「ノリの図」の再解釈といえ、現代都市のパブリック・スペースにおける複雑で立体的な連続性を理解するために有効な技法を示している。

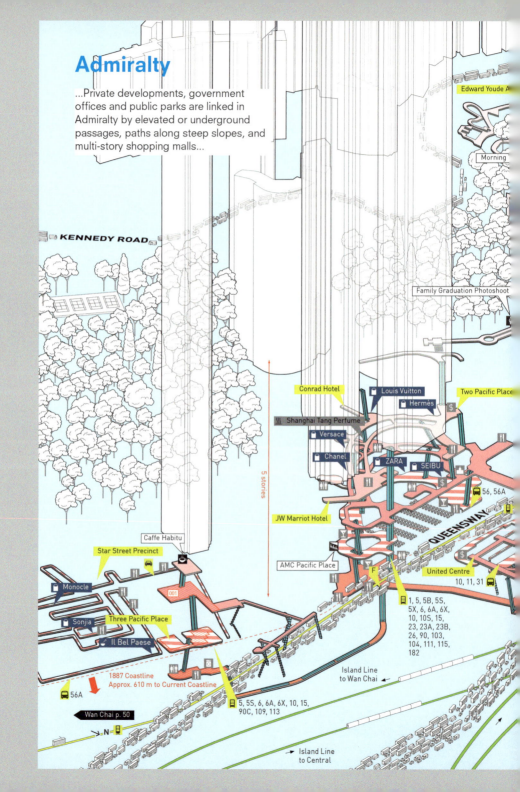

Admiralty

...Private developments, government offices and public parks are linked in Admiralty by elevated or underground passages, paths along steep slopes, and multi-story shopping malls...

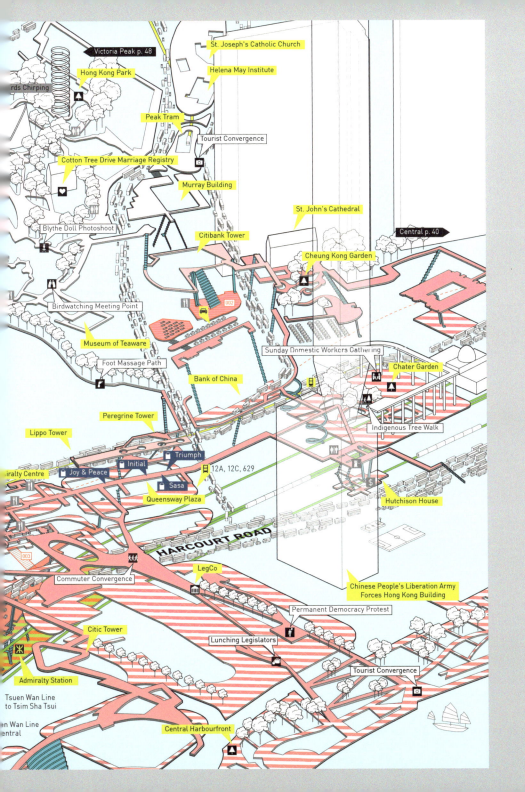

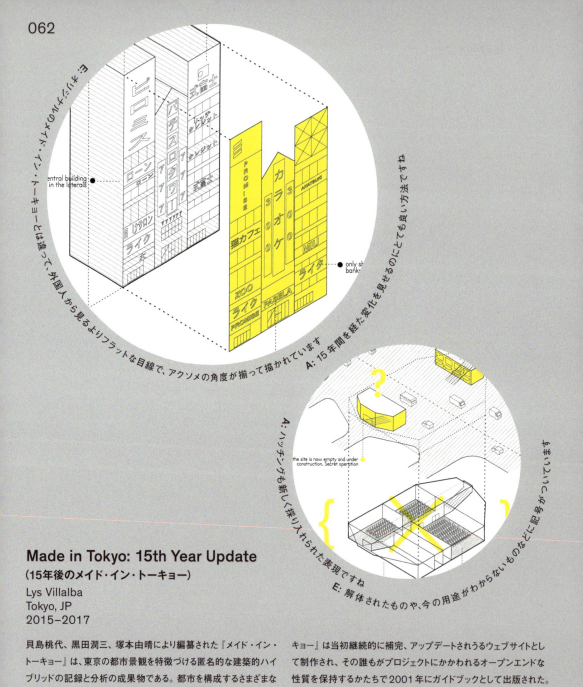

Made in Tokyo: 15th Year Update
（15年後のメイド・イン・トーキョー）
Lys Villalba
Tokyo, JP
2015–2017

貝島桃代、黒田潤三、塚本由晴により編纂された『メイド・イン・トーキョー』は、東京の都市景観を特徴づける匿名的な建築的ハイブリッドの記録と分析の成果物である。都市を構成するさまざまな「都市の生態系」を明らかにすることを目指して、この本では70の事例が集められ、写真、短い説明文、コメントつきのアクソノメトリック図で記録されている。「トーキョー・チャート」と呼ばれる表では、使い方、構造、カテゴリーなど各事例の生態系におけるさまざまな構成要素の状態が、オン／オフで示されている。『メイド・イン・トーキョー』は当初継続的に補完、アップデートされうるウェブサイトとして制作され、その誰もがプロジェクトにかかわれるオープンエンドな性質を保持するかたちで2001年にガイドブックとして出版された。この意を汲んでLys Villalbaは、「絶え間なく変化し続ける都市において建物はどのように進化するか」を理解するために、出版から15年目に70の場所を再訪する。写真、オリジナルの「on/off」チャートで示された状況がどのようになったかを分析したドローイング、そして建物の近年の歴史を辿る短い説明文によって、変容を記

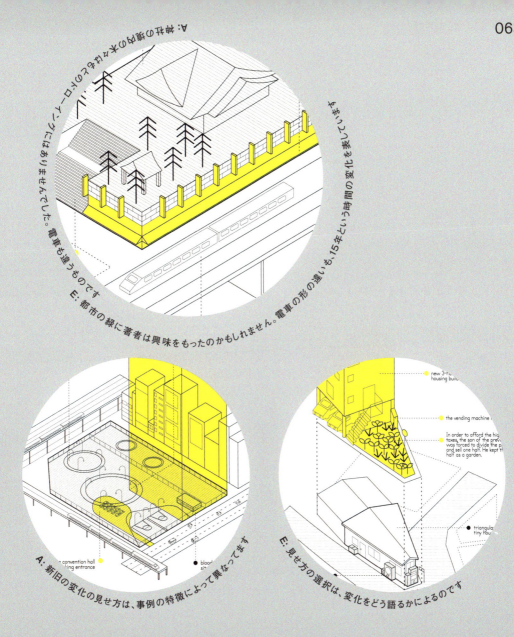

録した。ドローイングは建物の以前の状況と現在の様子を重ね合わせ、解体、増築、再利用などにより変容した部分を黄色で示し、さらに植栽や車のデザインなどのアイテムを現況に合わせて描き加えている。

一見この調査でも同じく、東京の「ダメ建築」を記録、分析、比較するための効果的なツールとしてアクソノメトリックの図法に依拠しているように見えるが、実際には、もとの作者が多用していたカバリエ投影や見下ろしのアクソノメトリックなどの使用は控えて、すべてアングルを統一したアイソメトリックを採用している。この変更によって、彼女の調査はオリジナルとはまた別の、新しいプロジェクトとしての強度をもつようになっており、それは、「個々のダメ建築の具体的な都市現況のレポート」というひとつの単なる事例調査にとどまらず、70の建物の変容と、それらに通底するルールを明らかにしている。

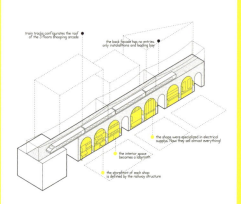

02
electric passage

Akihabara became the electronic town after the II World War, when the area was a black market of radio components. This case study exemplify a cross between infrastructure and architecture, where the train infrastructure configurates a 3 floors and 300 meters shopping arcade. 15 years ago these shops were specialized in electrical supplys but now they sell almost everything! A constantly evolving shopping labyrinth.

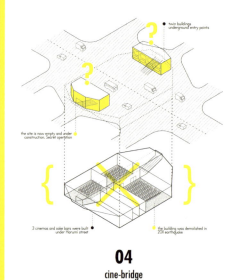

04
cine-bridge

The former underground cinema, filled with projection rooms and sake bars, was designed by Kameki Tsuchiura and built under Harumi bridge in an infilled terrain. The 2011 earthquake destroyed the building and now the site is under construction. During the fieldwork research it was impossible to decipher what is going on underneath. "The future use is a secret"- said the locals.

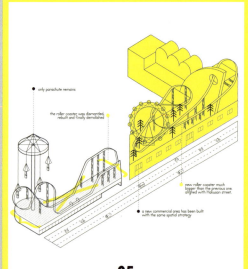

05
roller coaster building

Tokyo learns from Tokyo. The city has an urban memory, and when a spatial strategy works, it tends to be repeated. Maximizing the possibilities of urban gaps, the original roller coaster building was analyzed in *Made in Tokyo* as an example of auto-width: an amusement park built on top of a 150-meter-long strip of shops. Now a huge, new commercial area has been built with the same strategy on the adjacent site.

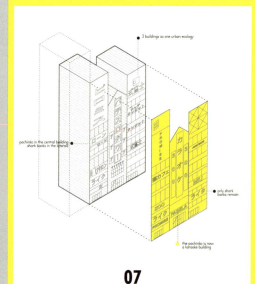

07
from pachinko cathedral to karaoke cathedral

Once an urban ecosystem is set, a new range of micro alliances and networks emerge. Fifteen years ago these three buildings in Shinjuku were a never-ending economical cycle of people losing money at pachinko and being loaned money in adjacent shark banks. The unit has evolved into a karaoke with different recreational places around it (cat cafes, video game arcades...). Only shark banks remain.

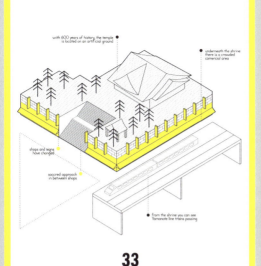

33
ameyoko flying temple

This temple was originally built 600 years ago, but was disassembled and rebuilt to accommodate a redesigning of the ground on which it was constructed. Now it sits above a crowded shopping area. Sacred places are linked to certain sites, commonly demolished and rebuilt, while they spatially coexist with all types of activities. The signs on the temple's facade are constantly changing according to new shops.

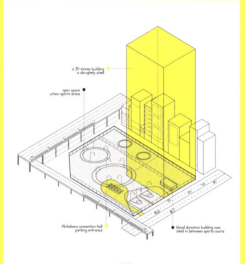

47
from vampire park to convention hall

15 years ago, in front of Akihabara station and surrounded by neon buildings, public sports facilities and a tiny blood donation building lived together as a non-standard urban ecology. Nowadays nothing remains, a 35-storey building is abruptly sited: the Akihabara convention hall. If we look at Tokyo's skyline today is really difficult to imagine that only five decades ago there was nothing built above 30meter height.

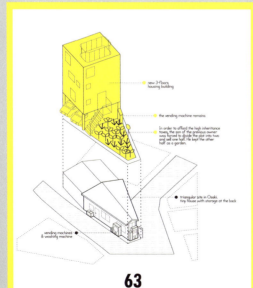

63
pet architecture

As *Made in Tokyo* states, Tokyo is full of pet architecture: "items that are too small to be recognized as architecture, but bigger than furniture". This XXS size is now tinier than ever. Extremely high inheritance taxes force heirs to divide their plots into ever smaller parts, keeping just a piece of land and selling the others in order to afford paying taxes. Thus this pet building was re-made.

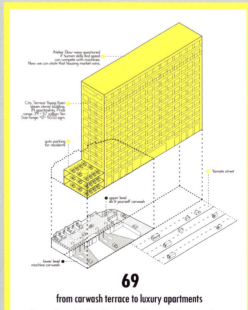

69
from carwash terrace to luxury apartments

The average lifespan of a building in Tokyo is thirty years. A local panorama of construction techniques and materials is based on this fact. However, a generation of "new oldies" buildings is flourishing, an XXL architecture with another (imported?) appearance that lets us believe it will be longer lasting than previous ones. At the site where fifteen years ago a machine carwash was located, there now stands this huge housing building.

A: 建物のあらゆる部分に一貫した増築のロジックがある

E: 増床やバルコニーの増築といったよく見られる実践が取り上げられている

Glotzt Nicht so Romantisch!: On Extralegal Space in Belgrade
（全くロマンチックじゃない！：ベオグラードの超合法空間）

Dubravka Sekulić
Belgrade, RS
2012

このパンフレットは、半ば常設状態となった売店の急増や既存建物への過剰な増築がとりわけ顕著だった1990年代から2000年代までの、セルビアの首都ベオグラードにおける都市変容を取り上げている。これらは簡素なバルコニーの増築から、いわゆる「ロシアン・パヴィリオン」と呼ばれる、既存の住宅の上に家をまるごと増築する事例まで広範囲にわたる。後者の特徴は、介入の大きさ、採算性の重視、近隣全体に及ぶ体系的な増加傾向、そしてその半合法性である。

パンフレットの第1部ではいかに法律や所有の変化が都市空間を変容させたかを分析し、第2部ではロシアン・パヴィリオンをケーススタディとして取り上げている。これらの建物は、最初に建てられた1947年には法的に認可されておらず、ひとつのビルディングタイプとしては世紀が変わろうとする時まで、それらはほぼ同じ様相を呈していた。そしてこの時点で開発業者は増築工事に対し計画的に投資を始め、2009年には改築を許可する法案が可決された。

E: 大梁は新梁と接続

E: 「ロシアン・パヴィリオン」がだんだん消えていってる

A: もとの建物は、新しい構造体を支持する基壇的に効果になっています

E: 明らかに何か不具合があったみたい！

2004年にフィールドワークとして始まったこれらパヴィリオンの研究は、当初提出された図面、増築部分の建築許可申請用図面、7事例を分析するアクソノメトリック図、そして5段階で図解された標準的な増築工事の事例など、さまざまなドローイングを用いて説明されている。5段階は標準的な施工プロセスに則ったものであり、主な増築の型も定義づけている。ドローイングは黒板に白いチョークで描くように、既存建物を白い線でトレースし、黒い背景に融合させ、増築部分を白いボリュームと黒い輪郭線で表現することで際立たせている。

このロシアン・パヴィリオンに関する詳細な記録は、これらを「ロマン主義的」な仮設行為の結果とするのではなく、開発業者、地元当局、所有者の、「超法規のグレーゾーン」において、厳密な交渉が重ねられた正統な成果であることを示しているのである。

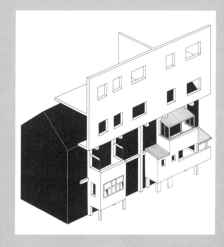
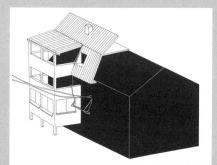
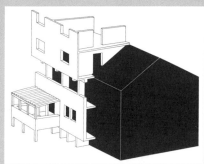
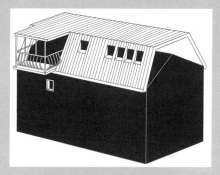
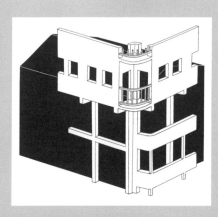
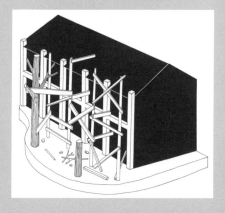

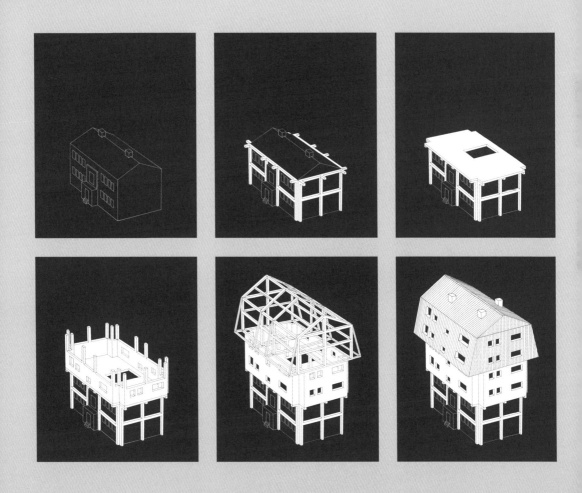

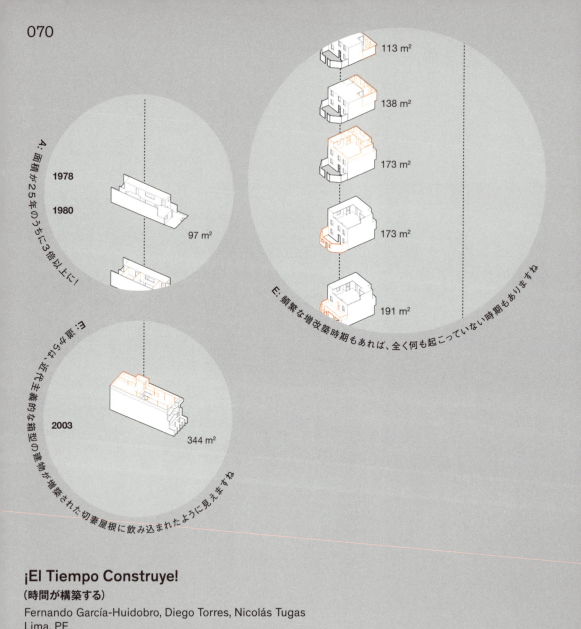

A: 面積が25年のうちに3倍以上に!

E: 頻繁な増改築時期もあれば、全く何も起こっていない時期もありますね

E: 最初は近代主義的な箱型の建物が増築された切妻屋根に飲み込まれたように見えますね

¡El Tiempo Construye!
（時間が構築する）

Fernando García-Huidobro, Diego Torres, Nicolás Tugas
Lima, PE
2013

この本は、リマのPREVI（Proyecto Experimental de Vivienda）に関して、そこでの建築の形や機能の変容について記録した独自のリサーチである。PREVIはペルー政府と国連の支援を受けた画期的な都市開発であり、1966年から1979年にかけてジェームス・スターリング、アルド・ファン・アイク、槇文彦、菊竹清訓、黒川紀章、そのほか多数の世界的建築家の設計により実施された。必要最低限の住宅供給を解決する一方でコミュニティのつながりを無視した、当時「発展途上」国で当たり前のように実施されていた大規模集合住宅計画の対案として、PREVIは構想された。低層で区画構成も高密であり、住宅のタイポロジーもバリエーションが豊富、またオープンスペースで結ばれる交通と歩行者動線のネットワークが築かれている。そして多様なスケールを設けることで、世帯構成や経済状態の変化に応じて住み手が自由に空間を改変・更新できる、都市居住のひとつの枠組が形成されたのである。

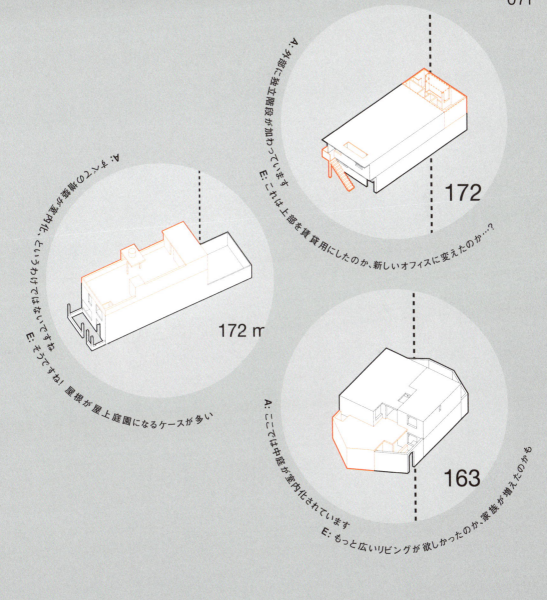

本書では、このような後に施された改変を、土地利用のダイアグラムという都市スケールと、14の特定の住戸の事例という建築スケールの両方で示している。これらの調査結果は、現在の居住者へのインタビューや過去と現在の写真記録の比較など、さまざまな情報源から得たものである。各住戸の段階的な変化は、単線のアクソノメトリック図で描かれ、増築部分は赤線で強調されている。これらはひとつのダイアグラムにまとめられ、水平軸に14事例が並べられ、垂直軸に1978年から2003年までの個々の住宅ユニットの変化の段階が示され、それぞれが比較可能になっている。この手法によって、異なる建築家の手による住戸がそれぞれどの程度の変化を受容できたのか、という全貌が明らかになる。それと同時に、研究事例全体を通じた形態変化のばらつきや、近隣区画の継続的な変化がいかに住宅の質や資産価値の向上をもたらすかも強調されている。

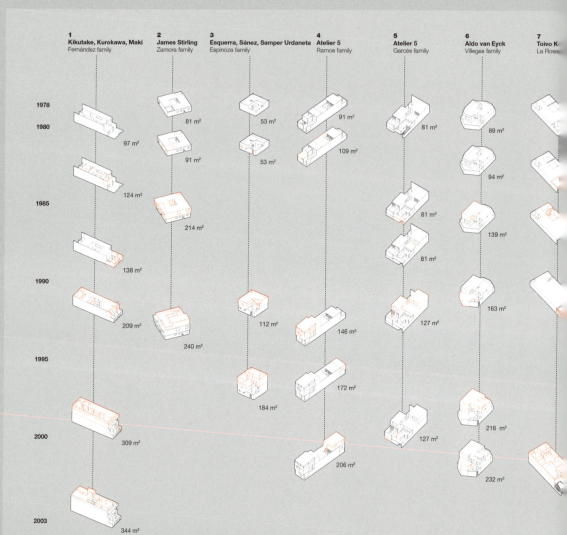

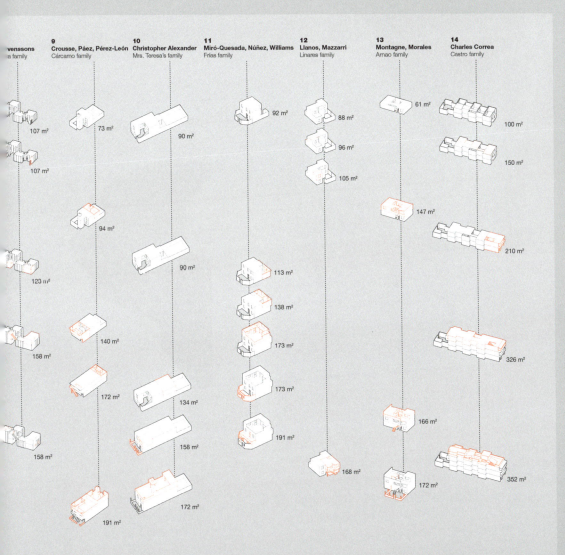

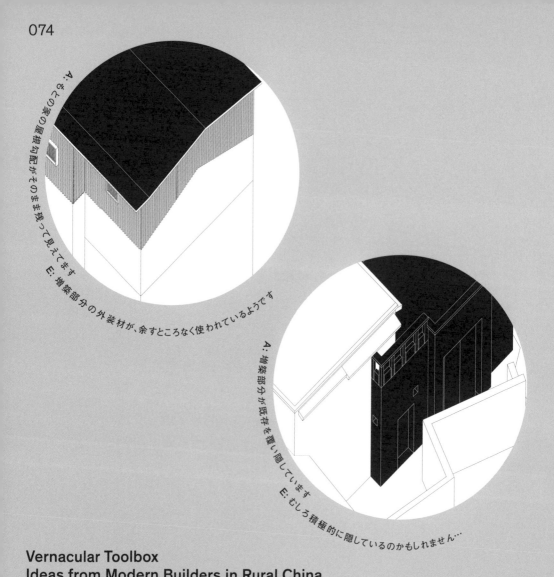

A: ちとの家の屋根勾配がそのまま残って見えてます
E: 増築部分の外装材が、余すところなく使われているようです

A: 増築部分が既存を覆い隠しています
E: むしろ積極的に隠しているのかもしれません…

Vernacular Toolbox
Ideas from Modern Builders in Rural China
（ヴァナキュラーな道具箱：中国農村発・施工者からの建築アイデア）
Rural Urban Framework and Sony Devabhaktuni / The University of Hong Kong
Various villages, CN
2017–2018

この調査は、中国農村部の伝統的な住宅類型学に見られる自然発生的な増改築をテーマにした、分類学的カタログである。プロジェクトは、記録や口伝などをもとに、土楼から窰洞（ヤオトン）まで、さまざまな村における最も特徴的な類型9つを事例として取り上げている。その目的は、主にここ数十年間の移住労働者の大量流入から派生した社会経済の変容が、村の人々の暮らしと建築にどのような影響を与えたかを解明することにある。そして、建築家だけでなく、政府当局、そして住民たち自身に向けて、今後の建設のための道具立てを提供することである。

本書は、写真および地元の人々への短いインタビューを集め、それらをもとに行った分析を、アクソノメトリック図、写真、簡潔な説明文とともに収録している。線画のアクソノメトリック図は各事例の全体像を提示し、図像は白／黒による色の対比で新旧の区別を表す一方、写真は新旧入り混じる日々の暮らしの情景を描写する。これ

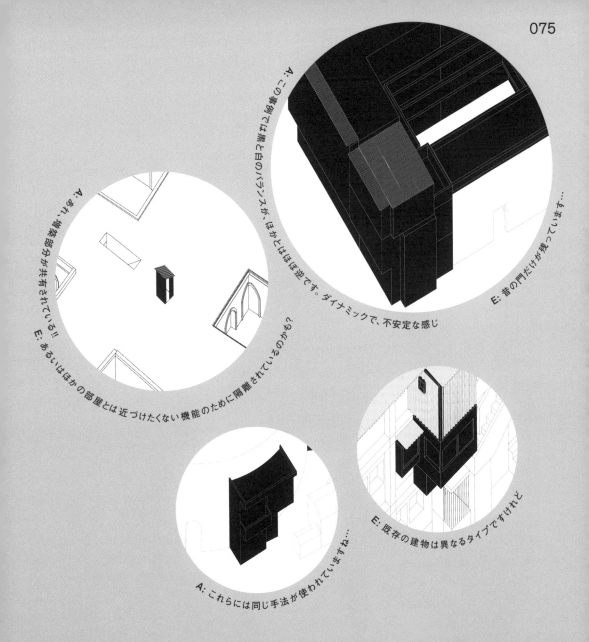

ら住宅を、固有の文脈から切り離し、不要な視覚情報を排除しつつも、図像で補完することで、村の人々のアド・ホックな増改築の様子を抽象的な類型に転換し取り扱うことができる。ドローイングで示されるデザイン手法、既存の類型への改変や付加、切断、包含などは、その土地固有の建築に潜在する活力を実証している。
本書は、伝統的ともいえるボトムアップ型の創意工夫を、現代建築デザインの物語に注入する取り組みであり、ドローイングを通して無名の建築が建築言語に翻訳されうるという手法を明示している。これは、伝統的な住宅と建築技術が、博物館の見せものとして偶像化されてしまうか、あるいは低予算で効率優先のスケルトンインフィル工法に取って替えられてしまうかという二重の脅威に直面している現代において、いきいきとした潜在力を保ち続けるための試行ともいえるのである。

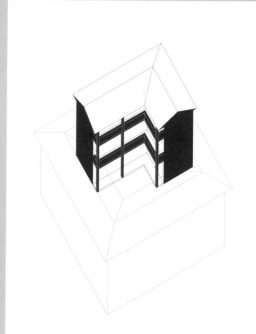
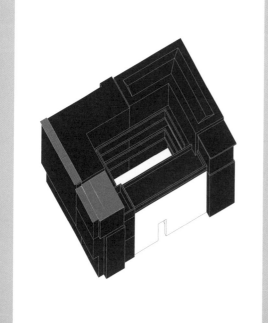
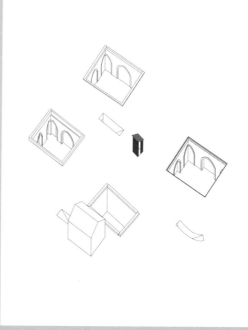

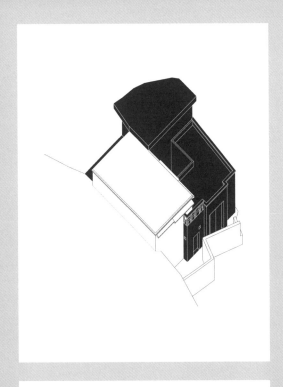
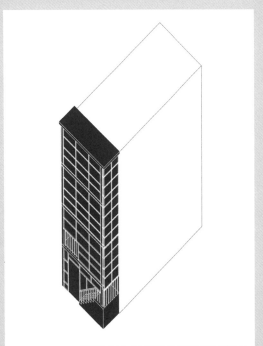
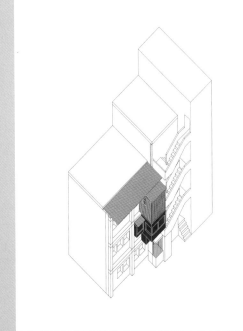
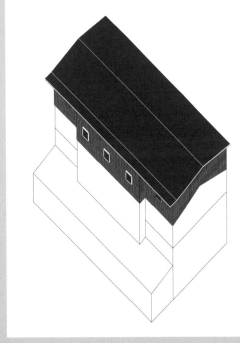

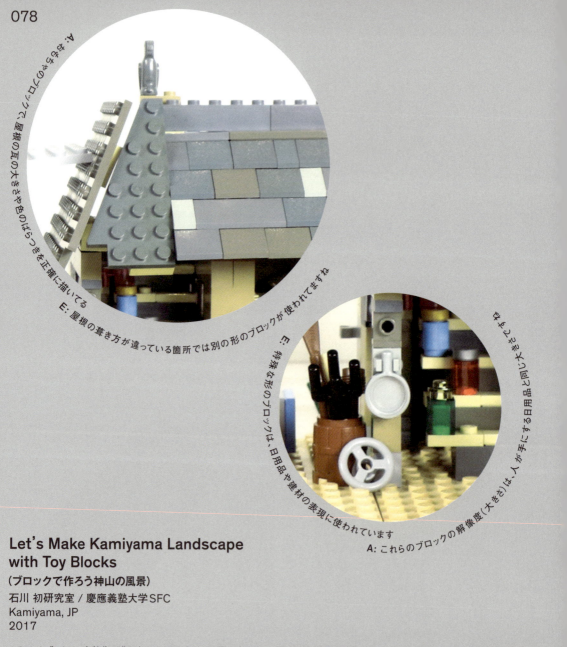

A: おもちゃのブロックで、屋根の瓦の大きさや色のばらつきを正確に描いてる

E: 屋根の葺き方が違っている箇所では別の形のブロックが使われてますね

E: 特殊な形状のブロックは、日用品や建材の表現に使われています

A: これらのブロックの解像度（大きさ）は、人が手にする日用品と同じ大きさとか

Let's Make Kamiyama Landscape with Toy Blocks
（ブロックで作ろう神山の風景）

石川 初研究室 / 慶應義塾大学SFC
Kamiyama, JP
2017

このフォトブックは、高齢化が進む人口5,600人の、四国の小さな町徳島県神山町に焦点を当てた研究成果として制作された一連のガイドブックのうちの1冊である。慶應義塾大学環境情報学部の研究室を率いるランドスケープ・アーキテクト石川 初によって、この研究は、デジタルとアナログのものづくりの橋渡しをする、学部全体で取り組む学際的な「ファブキャンパス計画」の一環として始まった。石川はこの山間の農村集落を、自然と人々の営みや文化が連関しながら共存する「トータル・ランドスケープ」の好例として調査。本書はここでの暮らしの風景にある優れたものづくりに光を当てることを目標に、ファブラボのオープンソースの考え方から着想を得たアプローチに従って、制作された。

神山の農地で見られる伝統的な石積みの壁が、おもちゃのブロックを使った建築表現のヒントとなった。地域の異なる年代に建てられた3つの典型的な建築物に着目し、既製ブロックのピースを寸法・

E: いろいろなブロックのパーツがたくさん使われていますね！

A: じつは昔の建物のほうが、使っているブロックが多い。建物の色の変化や産業により材料の大型化が3つの比較から捉えられます

A: 平滑でツルツルした面が、新しい仕上げや舗装を表現してる

A: ここには変わった色のブロックが入っていますね！

E: 木の梁の模様かな？

色・形に応じた三次元のピクセルとして扱い、建物を立体的に表現した。実際の建物の特徴は、ブロックで表現可能な精度の解像度に基いて表現され、不揃いな組み立て方やブロックどうしの色の切り替えにより、建物の経年変化やテクスチャーをも再現している。完成した各作品の写真を集めたこの本は、最初にその全体像、次に日々の暮らしの情景を示すクローズアップ、最後に建物が組み立てマニュアルのように分解され、整然と並べられたブロック一式の写真として掲載されている。

彼らはおもちゃのブロックを用いることで、神山の急速な人口減少により失われつつあるコミュニティの暮らしの知恵を次世代に伝えることを試みている。ひいては、年代も機能も異なる建築を共通の表現方法を通して理解し比較することを可能にするとともに、一連の調査の共通テーマである「トータル・ランドスケープ」の視座を強く訴えかけるものとなっている。

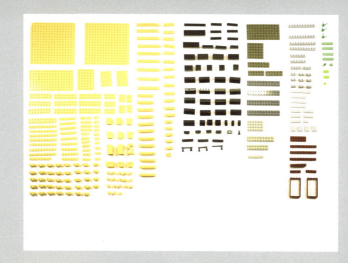

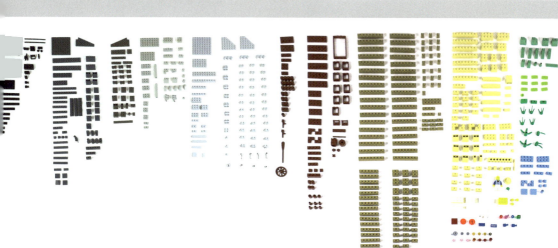

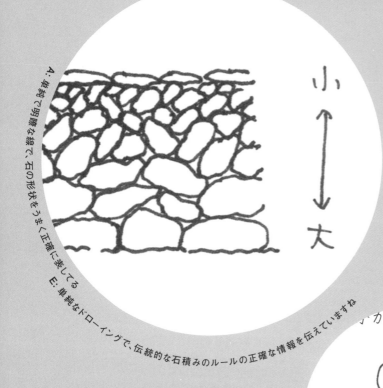

A: 単純で明瞭な線で、石の形状をうまく正確に表している
E: 単純なドローイングで、伝統的な石積みのルールの正確な情報を伝えていますね

A: 断面線も同じ線の太さで、最も必要な水の流れだけが極太線になっています

Basics of Dry Stone Walling for Terraced Landscapes
（棚田、段畑の石積み：石積み修復の基礎）
真田純子
Tokushima, JP
2014–2017

2014年に初めて出版されたこの冊子は、日本の伝統的な石積みを紹介する手引書であると同時に、著者自らが石積みを学び、そして人々に教えた経験の記録でもある。山林の占める割合が高い日本には棚田や段畑で営まれた農業の歴史があり、農民は豊かな石積み技術をもった職人でもあった。しかし1950年代以降、農村部の人口減少と鉄筋コンクリートなどの技術革新の影響があいまって、石積みの技術は徐々に衰退した。石積みの擁壁がつくる農村風景の持続に興味を抱いた徳島大学（当時）の研究者・真田純子は、徳島県の吉野川市の集落、大神地区に住む熟練の農家兼石工の高開文雄に石積みの技術を教わった。技術を習得することで、擁壁、農家、農業、石積みの道具、そして一つひとつの石の細やかな置き方が全体の耐久性に影響することなど、さまざまな関係性の上に成り立つエコロジーとして棚田や段畑を理解できるようになった。この経験をもとに、彼女は2009年に大学生に向けて石積みワークショップを開始、2013年にはより広い層を対象として各地を巡回する石積み学校を発足した。この学校は、各地の損壊した石積

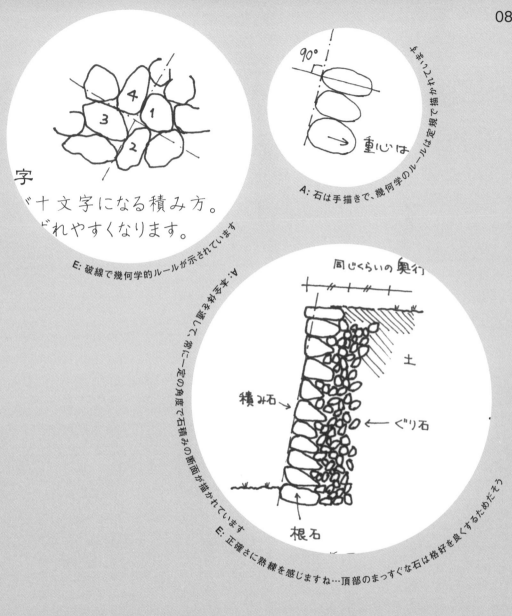

みを修復するという目標とともに、石積みの所有者のニーズ、熟練した農家兼職人のスキル、そしてこの技能を習得する生徒の意欲を結びつける役割を果たした。

本書は、科学的な知識と実践的なアプローチを組み合わせたものとなっている。5章からなり、最初は石積みの概要を説明、続いて石積み壁の診断方法を解き、石積みやその手前の土工事に必要な道具・技術の説明がなされる。真田のスケッチは各プロセスを荷重線図、壁断面・立面図などで説明し、一つひとつの石を手描きの線で描き分けながら、直線の点線を使い構造的・幾何学的な原理を示す。さらに、このブックレットは石積み学校の体験や参加者からのフィードバックをもとに2017年に改訂され、これにより理論と実践を統合した新たな石積みによる、棚田や段畑の活性化といった試行を推し進める力が証明されつつある。

1. 正しい石積みの構造と直すタイミング

正しい石積みは、基本的に以下のようになっています。

- 積み石の裏に「ぐり石」が入っている。積み石の裏行きと同じくらいの裏行きで入れるのが望ましい。
- 積み石は裏に向かって傾いている。
- 一番下の「根石」は、半分以上埋まっている。
- 石積み面が平面である（A）。もしくは、上部で少し勾配がきつくなっている（B）。（反っている感じ。「テラ勾配」という。お寺の屋根の形状から名付けられたと言われている。）

なお、石積みの勾配は2分〜3分が一般的です。
1mあたり20cm〜30cm裏に入る勾配です。

石積みを直すタイミングは、下記の通りです。
崩れる前に積み直すのが望ましいです。

- 擁壁面が膨らんできたとき。（この状態を「孕む」と言う）
- ★のように積み石が前に向かって下がってきたとき。
- 崩れたとき。

※崩れたものを修復するのは、積んだものを修復するよりかなり大変なので、出来れば崩れる前に積み直すのが良い。

2. 積み直しに必要なもの

ここでは、基本的に揃えておくべきものを紹介します。
目的に合わせて正しく使用すると作業効率も上がります。

道具

玄翁（げんのう）　片口玄翁　この縁の部分を使って割る／尖らせておく

石を割るとき、整えるときに使用。
すでに積んである石積みを積み直すときも、座りをよくしたり余分なところを割りとることがあるので、玄翁か片口玄翁のどちらかは用意しておく必要があります。
石の形を整える程度であれば1.5〜2kgくらいが使いやすいです。
（くわしい玄翁の使い方は19ページ参照）

ミニ熊手
潮干狩りの時に使うようなもの。ぐり石を集めるときに使用。

ツル
床掘り（07ページ以降参照）したり、石を動かしたりするときに使用。
ここの厚みがある程度ないと力が入れられない

2) 積む

2段目以降を積んでいきます。
積みの基本は下記の3つです。他にも細かい注意事項はありますが、最も大事な基本はこの3つです。これだけは何があってもおろそかにしてはいけません。

① 重心を裏にかける
擁壁の面に対して直角になるのが理想。

② 積み石を置いたらすぐにぐりを入れる
積み石の重心を裏にかけているので、ぐりを入れないとずれてくる。次の積み石を置くときに邪魔にならない高さまで入れる。

③ 二つ以上の石に荷重がかかるように置く
重ね餅のような積み方はしない。

○　×

例）Aの石を2つの石に乗せます。
その際、隣の★と接するようにして、3点がつくのが理想です。3点目は難しければ締めてもかまいません。さらに積んでいく（B）と、3点は上ではかの石と接することになるからです。

正面から見た図

根石の重心は、裏に傾くようにします。
重心は裏に！

石は立てて使わないようにします。
一つの石で面積が稼げて、効率的に積めるため、昔の石積みではこのような使い方をしていることがありますが、石が沈みやすくなり、崩れる原因になります。

立てて使わない

根石を置いた後の処理

根石を置いたら、それがずれないように通常、裏にぐりを入れます。

※水分が多い土地では、根石が沈まないよう下のような処理をします。

○水分が多い土地
根石の裏ろに土を入れて、しっかりと転圧します。土下もぐりがあると、そこに水分がたまり、根石が沈んでいく可能性があるからです。ぐりを伝ってきた水が根石の上を抜けるようにします。

○さらに水分が多い土地
床掘り作業のときに、さらに深く掘り下げ、松の丸太を1〜3本並べます。これを胴木と言います。
松は、空気に触れなければ腐らないので、松を選ぶこと、空気に入れないように土にしっかり埋めることが重要です。

そのほかの注意点やポイントをここから説明していきます。

大きい石から小さい石へ!
大きな石は先に置き、上に行くほど小さな石になるようにすると安定します。石を持ち上げる労力も節約出来ます。

石の顔を見極める!
石には「顔」があって、顔が前に来るようにします。石を四周輪台に見立てたときに太いはばが顔です。
尖っているか平らかということにとらわれず、全体の形を見るようにします。

顔　顔　顔

石は長く使う!
石の奥行きを「控え」と言います。控えが長いほうが強い擁壁が出来るので、石は長いほうを奥行きにします。
AやCが基本です。Bのような石は90度回転させます。Dのように横にしても他の石と同様の奥行きがとれる場合には横に向けても大丈夫です。

上から見た図

まっすぐ素直に!
顔が斜めになっている石を斜めに置きたくなりますが、石は擁壁面に対して直角に置きます。

上から見た図

積み石は斜めに!
平たいタイプの積み石は、正面から見たときに45度くらいの傾きを持つように置きます。右上がり、左上がりをバランス良く置くと、時間がたって締まってきたときに全体的にバランス良く締まり、さらに強固な擁壁になります。

正面から見た図

積んだらすぐ、ぐり!
石を一つ置いたら、後ろにずれないように、また左右に動かないように、周囲の積み石との隙間にいくつかぐり石を詰めます。
ただ、積み石どうしできっちりとかみ合っている場合には、少しくらい省略してもあまり問題は無いようです。

また、この丁寧に詰めるぐり石には、石の角度を調整する役割もあります。積み石だけでも安定感をもって角度が決まるのが理想で、これを「胴付き」といいます。

しかしながら、砂岩等の石などでは、顔がきっちりと作ってある場合があり、角度を調整しなければ擁壁の面と石の面が大きくずれてしまうことがあります。(下図)

この場合は、環状の割りぐり石を差し込み、調整しても不安定にならないようにします。
(細い石を使うとすぐにずれてきます。)

積み石をいくつかのぐり石で固定した後、てみ(石箕)に入れておいたぐりをざっと放り込みます。これは排水層になると同時に、先ほど丁寧に詰めたぐりをさらに固定する役割もあります。
裏ぐりを入れるときには、てみを勢いよく前に突き出し、すぐにてみを引き、投げ入れるようにします。そうするとぐり石が裏まできっちりと入りやすくなります。

裏ぐりは、石を一段積んだら、その都度入れていきます。積み石だけを積み上げていくと、石が裏にずれたりして、こまめにぐりを入れます。
ぐり石は、「てみ」に集めておくと良いでしょう。

※　複数人で作業するときは①積む人、②ぐりを集める人、③ぐりのへたってたてみを運ぶ人など、役割分担する効果が上がります。実際にはこれに④できるだけ大きな積み石を選んで①の積む人の近くまで運ぶ役割があり、⑤と④は兼務することが多いです。これにより、立ったり座ったり、狭い場所を移動したりといった無駄な行動が減ります。

---

3) 仕上げる

★畑の仕上げ方
左右の既存の石積みと同じ高さになるなど、目標の高さまで積み上げたら、仕上げをします。
一番上に持ってくる石を「天端石(てんばいし)」と言います。天端石は地域によっていろいろです。大きくて薄い石を寝かせて並べる、薄い石を立てて並べる、大きな石を置くなどです。地域のやり方を踏襲すると良いでしょう。

天端石を置いたら、石が隠れるように土をかぶせます。土はある程度ぐりの間に入っていきますので、それを見越して盛り上げるように多めに盛っておくのがポイントです。
天端石の隙間が凹み、水がたまりやすくなるとそこから水がしみこみ、石積みが崩れる原因になりやすいからです。

天端石　多めに盛る
断面図

土を盛るときは、てみを上の耕作地側に向けて立てるように置くことで、下にこぼれにくくなります。

★田んぼの仕上げ方
田んぼの場合は、最後まで裏ぐりを入れると水がたまりません。
粘土質の耕盤まで積みあがったら、ぐりは石を固定するものだけにし、裏には赤土(粘土質の土)を入れます。
さらに、耕作面より盛り上がるように土手(あぜだま)を作ると田んぼでの作業がやりやすくなります。
崩すときに、畔の土を別にとっておくと良いでしょう。

あぜだま
作土層
耕盤
断面図

【禁忌事項】
構造的に弱くなるので、避けた方が良い積み方がいくつかあります。ここでは、主なものを紹介します。

たて石
★のように石を立てて使う積み方。
ズレやすく、崩れる原因になります。面積が稼げるので古い石積みにたまに見られますが、修復の際には改善しておきましょう。

ざぶとん、重箱
同じような石を積み重ねるだけの積み方。
見た目が悪く、また積み石どうしが噛み合っていないので抜けやすくなります。

四つ巻き
一つの石を4つの石で囲む積み方。
1と4が拝み合わせになることで、★に力がかかりにくく★が抜けやすくなります。同様に八つ巻きも避けます。

真一文字
あまり厚みのない石を水平、垂直に置くような積み方。
力が逃げず石が割れやすくなります。

十文字
目地が十文字になる積み方。
ここからずれやすくなります。

目通り
目地が一直線になる積み方。
ここからずれやすくなります。

たて石は断面図、その他は正面から見た図

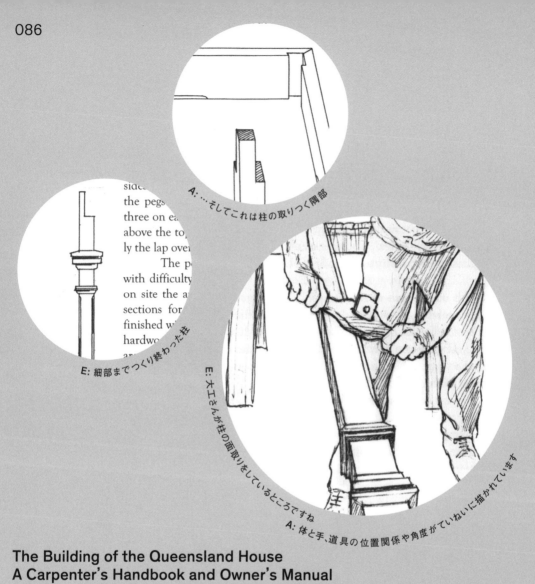

A: …そしてこれは柱の取りつく隅部
E: 細部までつくり終わった柱
E: 大工さんが柱の面取りをしているところですね
A: 体と手、道具の位置関係や角度がていねいに描かれています

The Building of the Queensland House
A Carpenter's Handbook and Owner's Manual
（クインズランド住宅の建て方：大工の手引きと家主のための説明書）
Andrew L. Jenner with John Braben
Queensland, AU
2013

クインズランダーとは、オーストラリア北東部に固有の、19世紀後半から20世紀初めに見られた伝統的かつ手頃な価格で建てられる住宅形式である。熟練の大工により地場の材料でつくられたこれらの住宅は、起伏のある土地に合わせて床高を調整し、またシロアリを避けるため、杭として配された丸太の上につくられた。本書は、ブリスベンの築100年の住宅の改修に大工としてかかわった著者の経験をもとに、当時このような住宅がどうやって建てられたかをあらためて伝えている。そして最も重要なこととして、機械化以前の職人の家づくりを思い起こさせ、道具、技、人間の身体が一体となって家が建つことを説明している。

本書は、敷地調査から建物メンテナンスについてのアドバイスに至るまで、建設におけるさまざまな段階を辿りながら、著者による緻密かつ豊かで時折皮肉の効いた文章と、図面や道具の写真を組み合わせて構成されている。本書には著者自身による図面のほか、

A: 人物の顔は職種にそって描き分けられています
E: 視線が加工部に向いて、確信に満ちた表情ですね
E: 職人同士のコミュニケーションも読み取れます
A: 師弟関係のやりとりのように見えます
E: 協力して建てるプロセスは、みんなを巻き込んでいます

オーストラリアのアーティストによる手描きのスケッチも含まれている。彼の挿絵は個々の構成部材を用意するプロセスを捉え、大工たちの作業の瞬間を、彼らの振る舞い、道具、完成したものとともに描写し、読者にありし日の建設プロセスをいきいきと伝えている。ここで著者は「構成部材、環境条件、材料加工、道具、そして長年の訓練で身体化した技術との関係を考え抜くことが重要である」という、良い設計を実現させるためのあらゆることに通じる教訓を伝えている。さらに職業倫理を強調することで、忘れられかけている建築の実務や生活様式への敬意を読む者に促し、そうした理解をもって、手仕事による建築が将来にも息づくことを願っている。

Chapter Four: Erecting the Stumps

All hands now tend the tall post. The bottom is levered with bars till it is over the hole, then many arms, at a shout from the foreman, jerk the top up into the air; simultaneously the stump slides down over the sacks onto the projecting sheet of iron, and the foreman instantly slips a trestle under the log. Another lift, a higher trestle goes under, then with each heave and rest the supports are moved further down. For the final lift a couple of long props have been knocked together to get a purchase near the top, and on the count, the great pole rises up until, at nearly vertical, the end slips down the iron sheet and hits the bottom of the hole with a thud that shakes the ground, to the spontaneous applause of the sweating men. During the last heave two men held the ends of the rope, one on either side, ready in case the pole should start to lean. For all the activity, erecting the first stump took under two minutes. More work has to be done though.

A string-line is re-connected across the bottom profiles, but eight or so inches further out from the kerfs, to check the outside edge of those posts. Our first stump is leaning loosely in its hole at present; it is pulled straight by the ropes until the plumb hangs parallel to the trunk, then its position is checked with the string. Two blokes with long levers try to shift it but there is no movement, so gravel from the digging is poured round the black-pitched base and rammed in hard while the pole is held vertical on the ropes, an apprentice shouting instructions to the rope-men whilst watching the plumb-line. A few inches of gravel at a time is rammed down with the head-end of the bars, the plumb being adjusted at each layer until the stump holds itself perfectly upright. After many fillings the hole is topped-up and the stump quite rigid; an apprentice leans a ladder against it and climbs up to retrieve the plumb-line, lath, and rope, which he fixes to the next pole.

Chapter Seven: The Veranda

valuable for protection, and making marks stand out: it is difficult to get a line to show on hardwood.

The posts require some work, as illustrated; from the bottom up: the lap over the bearer, the shallow housing on three sides to take the edge-board, the mortises to take the pegs for the bottom and top balustrade rails, three on each side, the deep chamfer on the arrises above the top rail to the post-mouldings, and finally the lap over the veranda head.

The post-mouldings are often applied later with difficulty when the posts are in position, but on site the apprentices are sawing dozens of little sections for the posts when the carpenters have finished with them. The posts, unlike all the other hardwood, are fairly dry and will not shrink, and are chosen for their straightness, but the sawing leaves each face not a perfect four inches, so every piece of moulding is specially cut for each post, and the cuts painted with white-lead paint before they are nailed on. There is a trick to attaching these little sections: three are nailed together in a 'U' shape before being offered to the post. This ensures that the mitres fit tight even if the post is not quite square.

Corner post & housing

Cutting chamfers on the posts

Secret-nailing ceiling VJ boards.

Chapter nine: Floors, Ceilings, Walls

In a corner of the kitchen ceiling, the apprentice cuts out a rectangular trap to access the roof-space, and frames it with architrave, making a cover out of the cut VJs. No pressed metal here: somebody slipped up; every house has a trap.

With the ceilings and floor complete, the bedroom and kitchen partitions and door-jambs can be made; a simple and superficial job. Mortises are cut through the VJs at either side to take the belt-rails. The door jambs and heads have been put together previously like the one at the end of the passage in the frame, and these are cut to a fit between the ceiling and floor and just skew-nailed in. Alternative methods build a top plate to the door-posts, which remains visible below the ceiling. Checks then cut in the jambs match those at either end, and the belt-rails nailed in. Temporary stops are nailed to the floor and ceiling to hold the VJs, which are secret-nailed to the rails as usual; the only difference is to skew-nail them to the ceiling and floor, which looks like a bodgy job, but is standard practice. The stops being removed, skirtings and cornice hold the wall solid, top and bottom. Where there will be no skirting, these stops are of quadrant and will be permanent.

Skew-nailed VJs: quad skirting.

As the house progresses, more jobs need to be done, momentum slows; this is especially true today. Who has not seen a house appear in a couple of months, but take a year and a half to finish? With two pairs of carpenters and the apprentices,

---

Newel post

forcing the stringers against the treads. The opposite bends in the stringers straighten out, reinforcing the pressure. No nails are used to hold the treads.

The bottom newels are cut over the stringers and stand on the bottom tread, against the second tread, a job requiring accurate boring of a few holes on an angle, with a long bit, and once the saw-cuts are done knocking the waste out with a violent blow from the hammer. Pretty newels have a ball or acorn turned on top, at the workshop. Two ½" bolts each and lots of lead paint hold them on. Simple rails are fixed; they should match the balustrade, but cash must have been running out. Steps finished, they will for decades be constantly busy with families running up and down. The two chippies stand at the top of their construction for the final test: sighting down from the edge of the landing to the bottom tread, all the leading arrises must form a perfect plane, and they do.

These are the steps for our house. Some cottages have landings, risers, double stringers with cappings and no balustrades, wide treads with a centre stringer; it is all carpentry. Some old front steps were built with a special fixing of risers to avoid water pooling, worth a quick description. In addition to the housing for the tread, there is also one for the riser, which itself is housed into the bottom of the tread above. The normal fix for risers is simply to nail them against the back of the tread. Any looseness in treads or risers is taken out with thin, painted

Chapter Ten: Steps

Boring holes on the rake of the stringer, at the bottom of a newel post, preparatory to cutting out the housing.

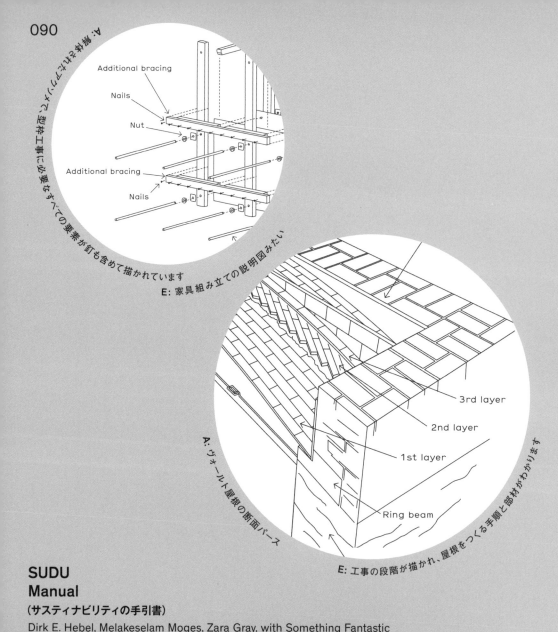

A: 解体されたファサード
工事に必要なすべての要素が釘も含めて描かれています
E: 家具組み立ての説明図みたい

A: ヴォールト屋根の断面パース
E: 工事の段階が描かれ、屋根をつくる手順と部材がわかります

SUDU
Manual
(サスティナビリティの手引書)

Dirk E. Hebel, Melakeselam Moges, Zara Gray, with Something Fantastic
Addis Ababa, ET
2015

本書は、2010年から2012年にアディスアベバで建設された2階建住戸のプロトタイプSUDU (Sustainable Urban Dwelling Unit＝持続可能な都市型住戸) の建設プロセスを再現した手引書である。この住戸は重機を使用せず地場で手に入る材料だけでつくれるように設計され、専門技術をもたない人々が3〜12人、40週で赤土を使って建てられるべく考案された。この手引書は完結した設計図を見せるわけではなく、一般的な居住空間を建設できる方法を段階的に示している。
本書は多数の線画のドローイングで構成され、各章は工事現場を上から見た図とパースでそれぞれの目的が紹介されている。さらに、適切な土の組成に始まり、材料の準備、構成部材から上部構造の施工方法まで、工程ごとに詳しい説明がされている。線画はすべて

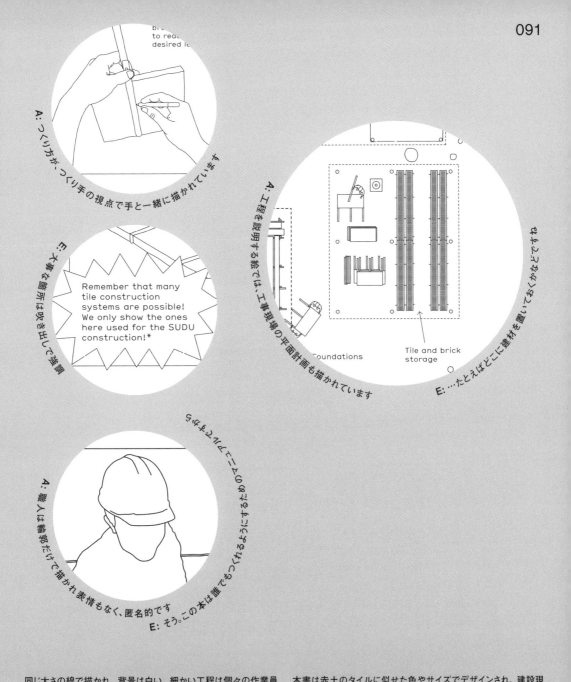

同じ太さの線で描かれ、背景は白い。細かい工程は個々の作業員の視点から見た一連の小さなドローイングで示され、彼らが手で材料や道具を扱っている様子が描かれ、吹き出しでアドバイスや注意すべき点が記されている。これらの挿絵によって、SUDUの複雑な湿式工法の工程は、あらゆるレベルのスキルをもつ人々がそれぞれを理解できるように小さな作業に分解され、まとめられている。

本書は赤土のタイルに似せた色やサイズでデザインされ、建設現場での実践と密接にかかわっていることを表現する。さらには、先進工業国の建材や専門知識に頼らず自ら建設するというより大きな目標が込められ、SUDUのデザインをそれぞれの状況やニーズに応じて「コピー」し「改変」することを提案している。

TOP VIEW OF THE CONSTRUCTION SITE

THE FORMWORK FOR EARTH RAMMING

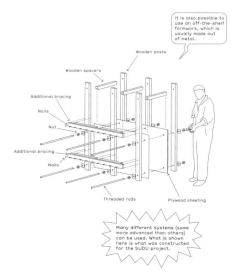

PRODUCING

THE FORMWORK FOR EARTH RAMMING

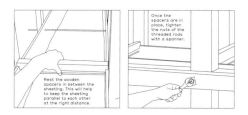

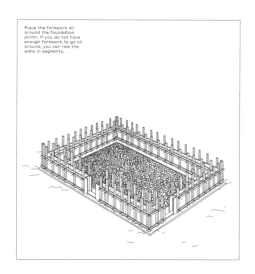

TOP VIEW OF THE CONSTRUCTION SITE

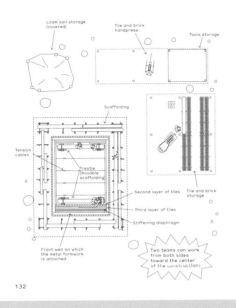

THE CATALAN BARREL VAULT

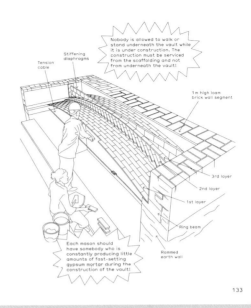

BUILDING

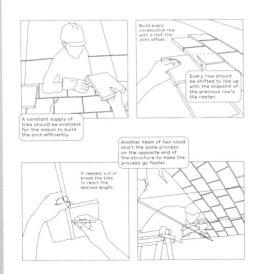

THE CATALAN BARREL VAULT

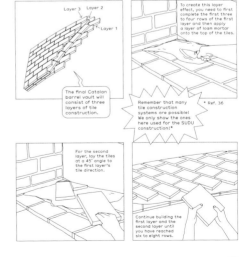

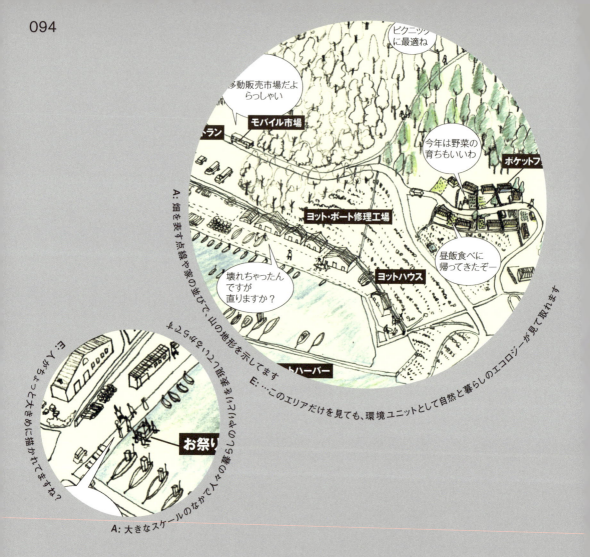

A Pattern Book for Oshika Peninsula
（浜のくらしから浜の未来を考える　牡鹿半島復興計画のためのデザインパタンブック）
アーキエイド牡鹿半島支援勉強会
Ishinomaki, JP
2011–2012

この本は、2011年の東日本大震災の津波によって壊滅的な被害を受けた宮城県石巻市、牡鹿半島エリアの漁村・浜に着目したものである。震源地が牡鹿半島の海岸からごく近い沖であったために、かつて活気にあふれたコミュニティは崩壊し、生存者は浜から離れた仮設住宅などに避難を余儀なくされた。本書は市の被災地復興計画策定に際し、従来のトップダウン型の手法に積極的な参加型アプローチを組み込む試みとして、行政による復興戦略と、避難させられたコミュニティが失われた環境に抱く深い思いや暮らしの知恵を結びつけるべく作成されたものである。

アーキエイド牡鹿半島支援勉強会が著したこの本は、2011年7月のサマーキャンプの期間に行われた地元住民へのヒアリングの結果をまとめたもので、被災前の30の浜における漁師たちの日々の暮らしを明らかにしている。本書はサマーキャンプの調査結果も含めてドローイングにまとめた7つの章立てからなり、それぞれ固有の

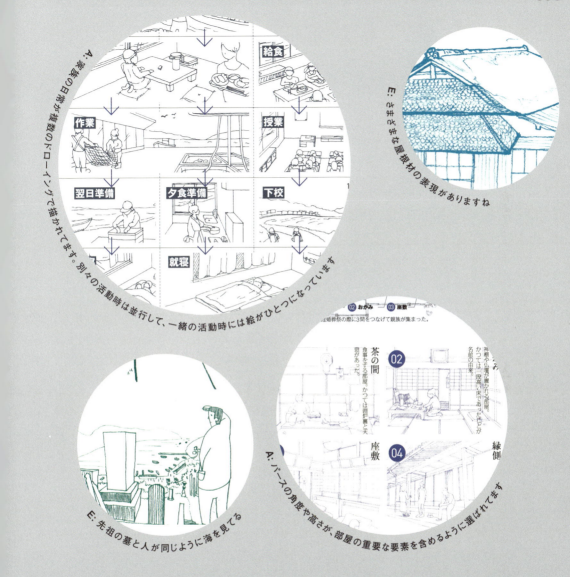

A: 墓参の日常が複数のドローイングで描かれてます。別々の活動時は並行して、一緒の活動時には絵がひとつになっています

E: さまざまな屋根材の表現がありますね

E: 先祖の墓と人が同じように海を見てる

A: パースの角度や高さが、部屋の重要な要素を含めるように選ばれてます

　地形と漁業の関係などを記した「浜の特徴」、漁師の家族の暮らしの様子などを記した「浜のライフスタイル」、もとの建築をリサーチした「浜の建物」、地域の景観のパタンを抽出した「浜らしい風景」、高台移転後の暮らしの提案を描いた「高所集落絵図」、そして「浜の将来図」「いえづくり」では浜の暮らしの研究に基づいてその将来像を描いており、日常の営みの小さなスケッチから集落の俯瞰図まで、学生たちによるさまざまな手描きのスケッチで記録されている。

　これらはのちにデジタル加工で着色・編集され、サマーキャンプの終了から8カ月後に、誰でも見ることができる建築書として発表された。300人以上の建築家の協働的プラットフォームとして組織された一般社団法人アーキエイドによる数多くの取り組みのひとつである半島支援勉強会は、討論を重ねながら5年間続いた。本書は地元のコミュニティに無料で配布され、並行して災害復興のオープンリソースとしてオンラインで公開された。

第6章 浜の将来図

浜の近くの高台につくられた住宅地は、低地の浜と一体的な風景をつくります。浜は漁業の後継者を育てる学校や、観光のためのヨットハーバー、レストラン、モバイル市場などで活用され、活気づいていきます。

第 3 章 浜の建物

1 漁師住宅

漁師住宅は「茶の間」「おかみ」「座敷」の三つの部屋と縁側を中心とした間取りが特徴です。

01 茶の間
02 おかみ
03 座敷
04 縁側

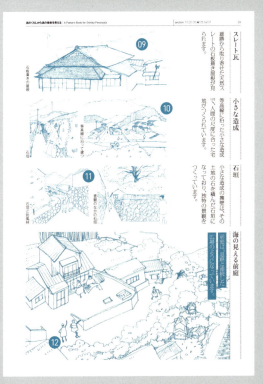

09 スレート瓦
10 小さな造成
11 石垣
12 海の見える前庭

第 2 章 浜のライフスタイル

1 冬季 カキ養殖

タイムライン｜福貴浦

漁師 / 奥さん / 子供

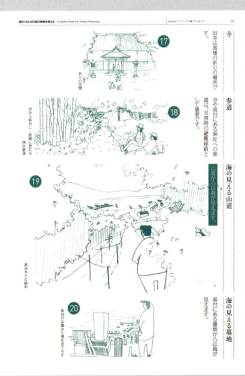

17 寺
18 参道
19 海の見える山道
20 海の見える墓地

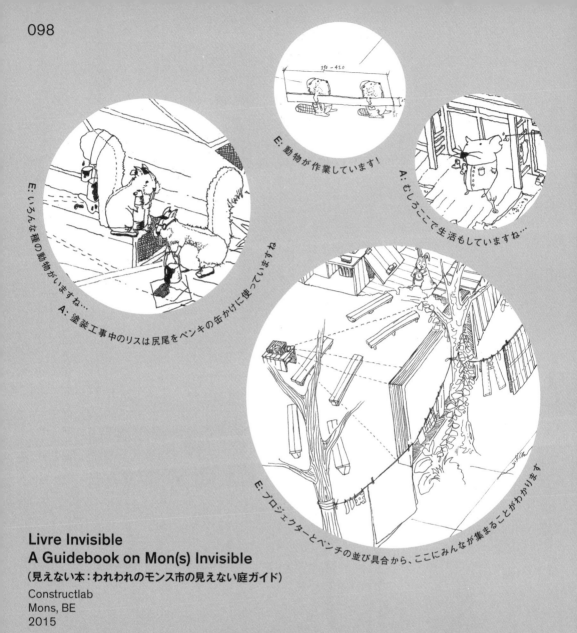

Livre Invisible
A Guidebook on Mon(s) Invisible
（見えない本：われわれのモンス市の見えない庭ガイド）
Constructlab
Mons, BE
2015

本書は、「Mon(s) Invisible」という名の公共庭園に読者を案内するガイドブックである。この庭園は波乱万丈の歴史をもつ築200年の軍用パン工場の屋上にあり、モンス市で開かれた欧州文化首都の祝典の一環として、Constructlabによってリノベーションされた。地上レベルから見えず、また緑に埋もれたこの庭園は、ひとつの入口からしか入ることができない。プロジェクトのタイトルに「不可視性」(Invisible)と、閉ざされた秘密の庭園というテーマを込めた理由は、敷地の建築状況や、住民参加型デザインを通じパブリック・スペースを構築することで、モンスに潜在するコミュニティ・ライフの可能性を表現するというイデオロギーが前提にあるためである。敷地の中央には座席に取り囲まれた円形の木造のステージが配置され、南北方向を指す巨大な方位磁石を模した装飾が施されている。この小さな円形劇場は基準点を示し、時空を超えたほかのクリエイティブ集団を象徴的な意味でこの庭園に結び付ける。周囲を取り囲むたくさんの小さな木造パヴィリオンは、キッチンからサウナまでさまざまなアクティビティに使われ、全体として自律した世界

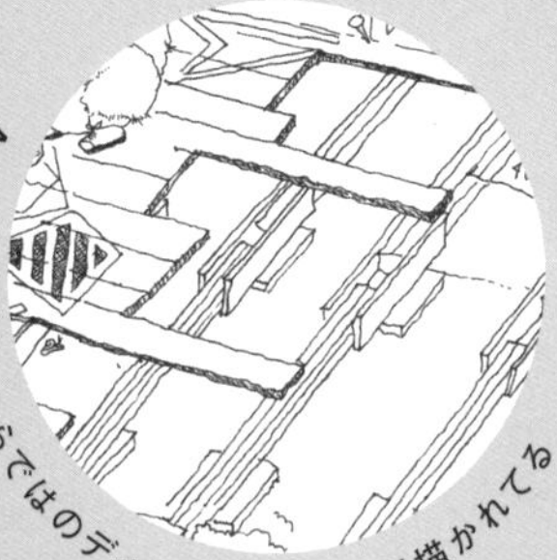

A: セルフビルドならではのディテールがしっかり描かれてる

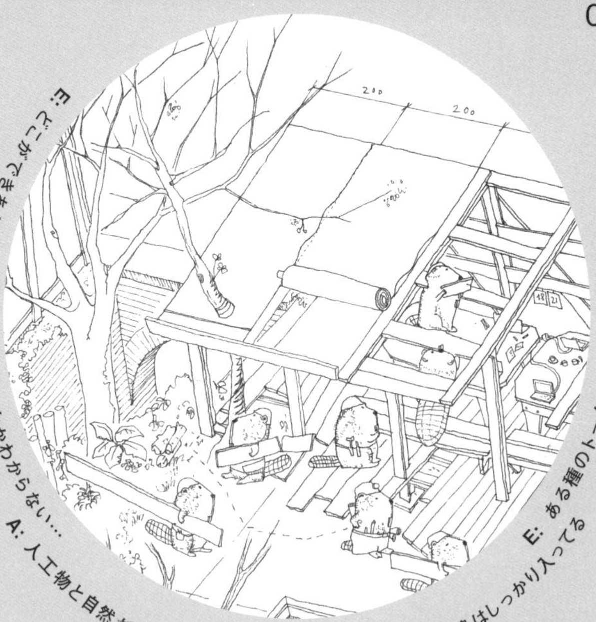

E: どこがきっかわからない…

A: 人工物と自然が混じり合ってダイナミックです。でも寸法線はしっかり入ってる

E: ある種のトゥルー・ルーター

A: これはフック？ 地面が空から吊られています！

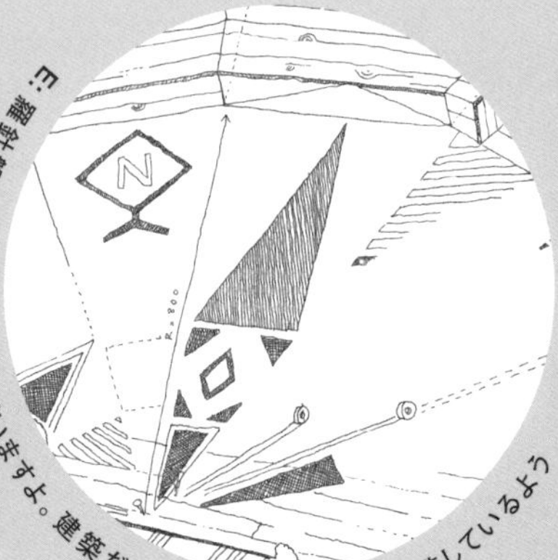

E: 羅針盤や座標も描かれていますよ。建築だけでなく、新しい世界を創造しているよう

をかたちづくる。

本書は、来訪者を庭園のさまざまな場所へと誘う詩集でもある。「見えない」というテーマを強調するように、庭園全体の地図は本カバーの内側に隠されている。単線のアクソノメトリック図と手描きのドローイングは、3週間にわたる工事期間中の庭園の全体像を示している。このドローイングで最も重要なのは、これが草の根的な活動に一貫した物語性をもたらす寓話であることだ。バビロンの空中庭園になぞらえて、この世界は宙吊りにされており、これから花を咲かせるであろう木々に囲まれた建設途中の風景が描かれ、人間と自然のうつろいを融合させたいという思いが表明されている。人々が協働作業に奮闘する寓話のなかの動物として表されることにより、新たな社会が相互理解と共生的な協力関係のうえに築かれうることを視覚化している。

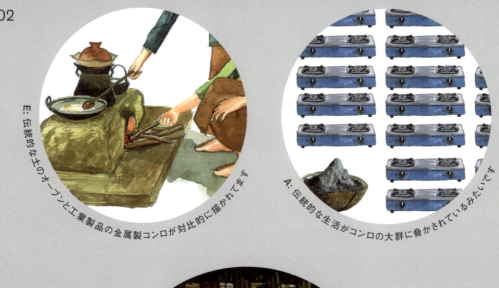

E: 伝統的な土のオーブンと工業製品の金属製コンロが対比的に描かれてます

A: 伝統的な生活がコンロの大群に脅かされているみたいです

A: カリ屋根ストローク で簡素な建物が描かれて、自然素材のいきいきした色で塗られてます

E: 道具が玄関周辺に置かれ、中だけでなく外も台所として使われていたのがわかります

Revolusi dari Dapur
（台所からの革命）
Gede Kresna
Bail, ID
2016

本書は、バリの建築家 Gede Kresna が独自に行った調査で、グローバリゼーション以降のインドネシアの台所や食品の調理の変遷を対象としている。彼は、マスツーリズムにそれほど侵されておらず、その土地固有の昔からの生活やものづくりを見ることができるバリ島北沿岸にある伝統的集落に、ワークショップ「ニームツリーの家」を設立した。彼は、正確な観察のために参与型調査を不可欠なものとしている。これを彼は土地の暮らしから学ぶ資源と捉え、設計に昇華し実践するには固有の環境に応じて繊細に取り組むことが理想であると説く。この生活の鍵はキッチンでできる「アブ」といわれる灰で、これは火山が多いバリの自然の聖なる象徴でもある。本書は3部構成からなる。第1部では主に女性によって行われてきた伝統的な食事の支度時の道具や所作が描かれている。第2部では、この土地固有の台所の風景や調理法がいかに近代化の脅威にさらされているかを論じている。第3部では、グローバリゼーション

E: 近代は服装も体型も変えてしまった…

Daun jati

E: 伝統的な道具と大量生産品との対比

Tas plastik

A: …自然色と人工的な色が対照的です

E: 現代的な服で昔ながらの料理を子どもに教えているのは、まさにこの本の目指すハイブリッドです

に対処するための手法を示し、古いものが備える知恵と新しいものがもたらす便利さによるハイブリッドな状況を提案している。

この本は Febri Indra Laksmana の水彩画による挿絵が白地を背景に毎ページ展開する。料理する女性、その体つき、料理の材料、道具、家具、室内空間などすべてが素直かつ写実的なタッチで描かれている。このような明快な表現手法が用いられているのは、本書が現地に暮らす人々に向け、啓発的に書かれたという社会的な動機と無関係ではない。この本は、失われつつある手法や慣習・文化を記録することで、現代の消費主義がもたらす一時的な利便性のために、伝統的な知恵や暮らしを捨て去るべきではないと語りかけている。

DAPUR ADALAH YANG UTAMA DAN PERTAMA

Menjadi yang **Pertama** karena dalam semesta pembangunan pernaungan masyarakat Bali, dapur selalu menjadi yang pertama didirikan sebelum bangunan lainnya.

Di dapur kita memasak

Di dapur kita tidur

Di dapur kita sembahyang

Sambal pabrikan

digantikan dengan

Sambal rumahan

Susu

digantikan dengan

Madu

Tepung

digantikan dengan

Sagu

Tas plastik

digantikan dengan

Daun jati

Pewarna kimia

digantikan dengan

Pewarna alami

Tali plastik

digantikan dengan

Tali ijuk

Mie instan

digantikan dengan

Singkong

Sedotan plastik

digantikan dengan

Sedotan alami

Telur ayam broiler

digantikan dengan

Telur bebek

Gas

digantikan dengan

Kayu bakar

Dapur yang menghasilkan abu ditinggalkan. Posisi dapur yang semula menjadi titik sentral mulai "tersudutkan".

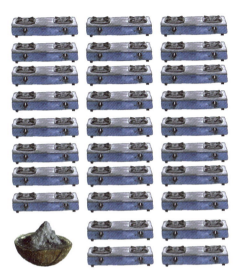

Saat dapur tak lagi menjadi yang utama, Saat dapur terpinggirkan...

>>>>>>>>>>>>>>>>>>>>>
**Perubahan Pola Keseharian
Perubahan Pola Konsumsi
Perubahan Pola Produksi
Perubahan Kualitas Hidup
Perubahan Pola Pikir
Perubahan Orientasi Hidup**

Mengajak Anak-anak ke dapur dan menggali begitu banyak bunga rampai puncak-puncak pengetahuan masyarakat tradisional yang tersimpan di dalamnya, sembari mengajak mereka memasak makanan-makanan sederhana yang keseluruhannya menggunakan bahan-bahan alami.

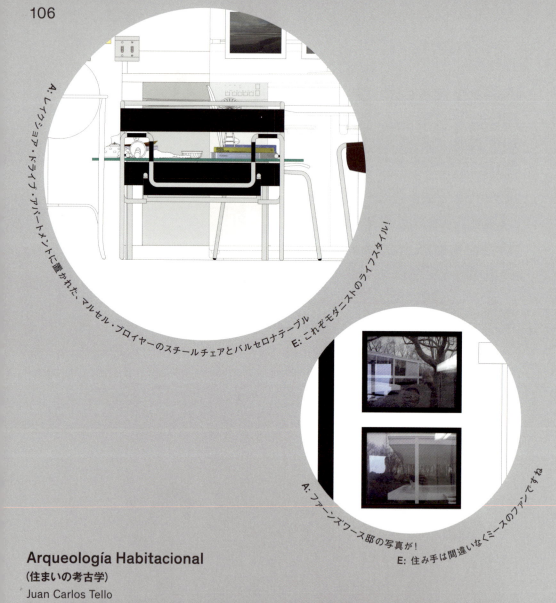

A: レイクショア・ドライブ・アパートメントに置かれた、マルセル・ブロイヤーのスチールチェアとバルセロナテーブル

E: これぞモダニストのライフスタイル！

A: ファーンズワース邸の写真が！

E: 住み手は間違いなくミースのファンですね

Arqueología Habitacional
(住まいの考古学)

Juan Carlos Tello
Berlin, DE; Los Angeles and Chicago, US; Mexico City, MX; São Paulo, BR
2009–

この作品はメキシコ政府の支援を受けた自主調査で、著名な建築家により設計された個人住宅や集合住宅を対象事例とし、現在、そこで家具や日用品などが収められているさまを研究するものである。日常のものがどう配置され、その色彩や積まれ方や置かれ方などによって、室内空間が住み手によってどのようにカスタマイズされているかが詳細に描かれている。

この調査では、建築家リナ・ボ・バルディ、ルイス・バラガン、ミース・ファン・デル・ローエなどが設計した住宅を対象としている。ここに取り上げるミースのレイクショア・ドライブに建つ集合住宅では、シンプルな室内空間の平面図や立面図に、家具、絵画、照明器具、植物、本など、家らしいすべての要素がコラージュを用いて描かれている。壁にかけられた絵画はすべてスケールが調整されたラスタ画像で示されている一方、家具やそのほかのものはカラーの線描画で表現されている。そこではそれらが古くなっていることや、ボ

A: これは本棚を裏から見てますね。本が透けて見えている
E: アート、建築本のセレクトが面白い！
A: デスクランプ2つとコンピュータ…
E: …オーナーは建築家か、教育者か、キュレーターかな
A: 扉の覗き穴や錠前も描かれてますね
E: セキュリティも近代的な生活の一部ですよね

リューム感、素材の反射性を表現せず、物質特性よりも、配置や住み手がそれらを所有していることの意味が強調されている。どの調査のドローイングも、3つの異なる解釈で作成されている。1つ目は壁と窓も描かれた室内全体、2つ目はそこに収められた家具と装飾のみ、そして3つ目はその中の照明器具や植物など装飾的な要素のみである。こうした描く要素を段階的に減らす手法は、永続的なものから一時的なものまで異なる時間軸をもつ身のまわりの物質的存在が、建築の室内空間の認識をいかに変えうるかを実証している。この作品が目指すのは、暮らしの事物の空間的な配置を克明に記録し、それらに宿る記憶とともに、そこが生きられた空間となったデータをまとめることである。それにより、この研究は定められた生活環境を人がいかに自分の居場所としていくかを明らかにしており、名作とされる建築の空間と、住み手によって創造される逸脱行為とのあいだに生まれる、興味深い対比を浮き彫りにしている。

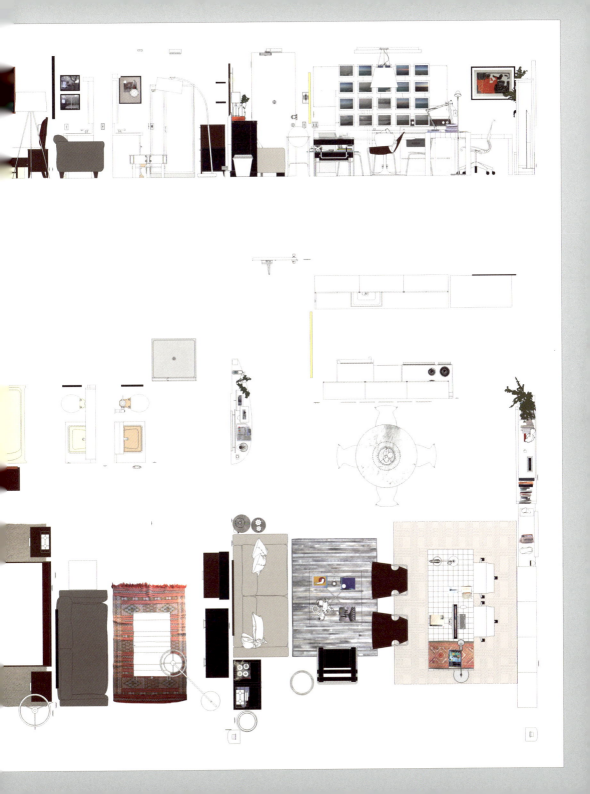

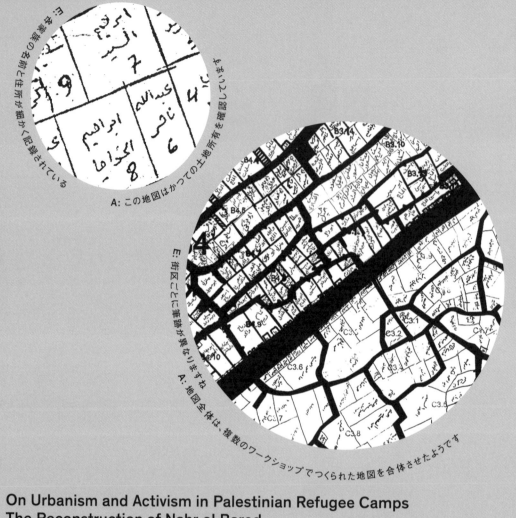

A: この地図はかつての土地所有を確認しています
E: それぞれの区画と名前と住所が細かく記録されている

E: 街区ごとに筆跡が異なりますね
A: 地図全体は、複数のワークショップでつくられた地図を合体させたようです

On Urbanism and Activism in Palestinian Refugee Camps
The Reconstruction of Nahr el Bared
（パレスチナ難民キャンプにおける都市計画と活動：ナハル・アル＝バーリドの再建）

Ismael Sheikh Hassan / KU Leuven
Nahr el Bared, LB
2015

建築家 Ismael Sheikh Hassanによるこの学術論文は、特別な状況下における、都市への介入と政治的な直接行動の行使とのあいだの板挟み状態を例証したものである。パレスチナ人の強制追放に伴い、後にイスラエルとなった地域に1948年に最初に出現したパレスチナ難民キャンプが研究対象である。祖国から離散したパレスチナ人たちは、70年の歴史において繰り返し、さまざまなかたちの暴力、公民権の停止、難民たち自身が抵抗したトップダウン式の都市計画などの抑圧にさらされてきた。2007年、レバノンのナ

ハル・アル＝バーリドのパレスチナ難民キャンプは、レバノン軍とこの頃現れたイスラム原理主義の民兵組織の戦闘によって破壊された。この破壊の後に、レバノン政府によって監視と警備を念頭においたトップダウン式のキャンプ地区再建計画が策定され、論争を引き起こすことになる。それと同時に、地域住民はかつてのキャンプの都市・社会構造の記憶をボトムアップ式に掘り起こす作業を始めた。キャンプを描き直すことで、住民にとって将来の建築環境について自分たちの考えをあらためて確認することが可能となり、それが

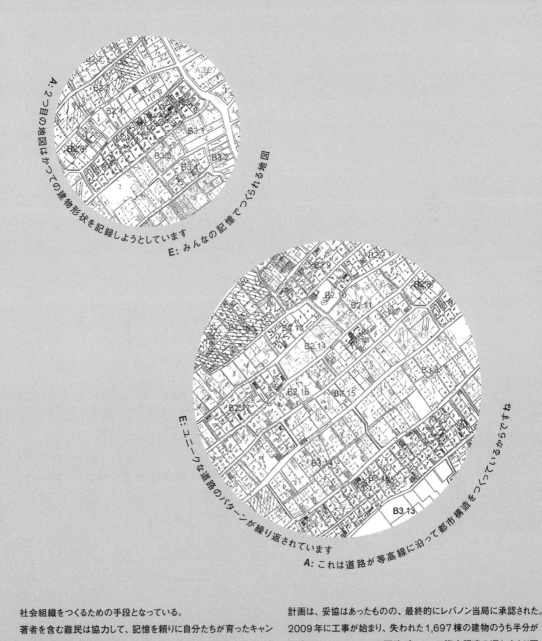

A: 2つ目の地図はかつての建物形状を記録しようとしています

E: みんなの記憶でつくられる地図

E: ユニークな道路のパターンが繰り返されています

A: これは道路が等高線に沿って都市構造をつくっているからですね

社会組織をつくるための手段となっている。著者を含む難民は協力して、記憶を頼りに自分たちが育ったキャンプの界隈を描き直した。以前の家の場所や建物の配置を示し、手分けして描かれた部分ごとのドローイングは、全体像に統合された。これらに基づき、市民活動と調査のためのナハル・アル＝バーリド再建委員会 (the Naher el Bared Reconstruction Commission for Civil Actions and Studies) および国際連合救済事業機関 (the United Nations Relief and Works Agency) により作成された都市計画は、妥協はあったものの、最終的にレバノン当局に承認された。2009年に工事が始まり、失われた1,697棟の建物のうち半分が再建された。しかし、この再建プロセスは資金調達の遅れもあり軍事政権下で宙吊りになったままである。それでも難民たちは、自分たちのキャンプを再建し、社会的な生活を回復させようと奮闘し続けている。

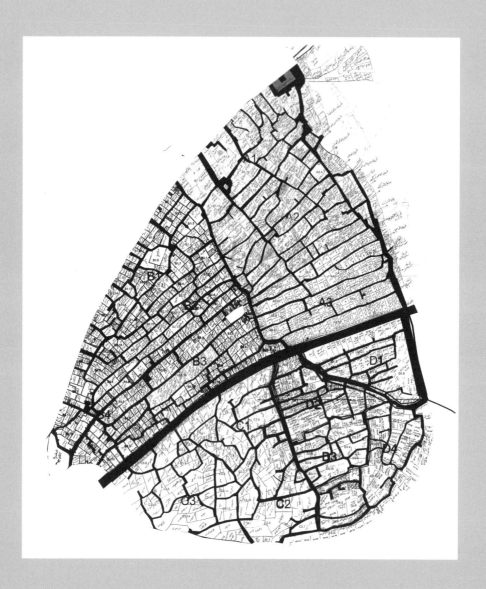

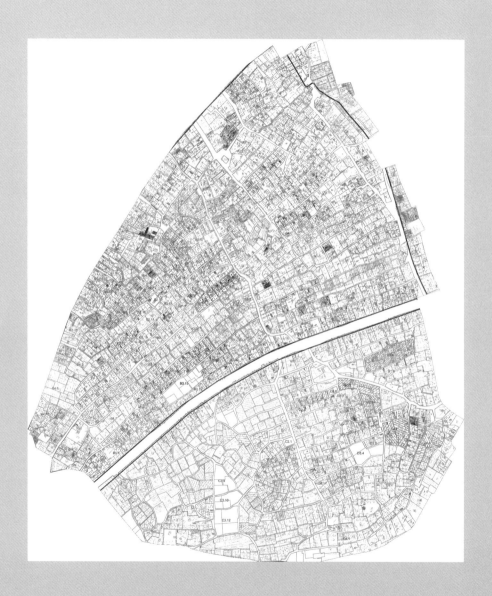

E: みんな着飾りたいようですね、カラフルな格好でデモが行われています
A: でもプラカードはとてもシリアスです。作者の表現はプロテストの激しさを和らげています
E: いきいきとしたアフリカの街の日常の雰囲気に近いと思います
A: 店の看板とデモのプラカードが混在してますね
E: "図書館なき世界の学校"
A: その下に "経済的略奪者の銀行"

Revendications
（暮らしを取り戻すために）
Oswald Adande
Cotonou, BJ
2016

　この作品はベナンのアーティスト Oswald Adande が、飾り立てられた高層建築のスカイラインをめぐって都市居住者が現在進行形で起こしている闘争とともに、現代の都市の状況を表現したものである。コトヌー中心部にあるアーティストの自宅の賑やかな中庭で描かれた作品は、素朴な美学と鋭い政治批評が組み合わされている。この作品を含む連作は「新しい出発」と題されているが、それは現ベナン大統領の選挙時のスローガンでもあった。作品は木箱に収められた、スカイライン、店構え、通りの生活の様子という3つの要素で表現されたミニチュアの街の風景である。背景には、食品パッケージ、コーヒーカプセル、薬箱などのリサイクルごみでできた高層建築が密集している様子が描かれている。アーティストは、それらのパッケージにヤシの葉を重ねて鮮やかな色彩で塗り、グローバル都市から着想を得た空想上の都市風景をかたちづくっている。それに対して、通りの店構えはアフリカ都市を悩ます日々の闘争や都市の機能不全ぶりを的確に表現している。たとえば店の正面には、よくある問題をほのめかす嫌味たっぷりな長たらしい手書き風書体の

A: 黒い太線で描かれた街の輪郭が、高密度で乱雑な街の雰囲気を感じさせます

E: そうですね。カラフルなのに、不安を感じもします

A: 再利用品が素材としてファサードに使われて、建物のスタイルを強調しています

E: コカ・コーラの蓋は、いちばんわかりやすい現代グローバル社会の象徴に見えます

看板──「改善された統治の改革のための美容室」や「輸入された廃棄物の管理担当省」など──が掲げられている。通りでは、ひょうたんの実を彫ってつくった人形が「私の憲法に手を出すな」あるいは単に「もううんざり！」などといった看板を掲げて、政府に抗議している。ここで描かれている風景は、色とりどりの高層建築の空想と都市居住者の日常の格闘を対比させ、エリートたちが描く「先進的な」アフリカの都市の未来像を批判している。作家はこうした未来像を、持続不可能かつ土地の文脈に適合しないものとして非難し、リサイクルごみを背景の超高層ビルの表現に使用することで現代の建設業の無駄の多さを表現している。中景の辛辣な看板が糾弾するものは、汚職から不平等そして蔓延する貧困まで、アフリカにおける都市生活を苛む数々の問題である。そして前景では、地元の居住者たちが立ち上がり、現代都市の不正に対して抗議しているのだ。

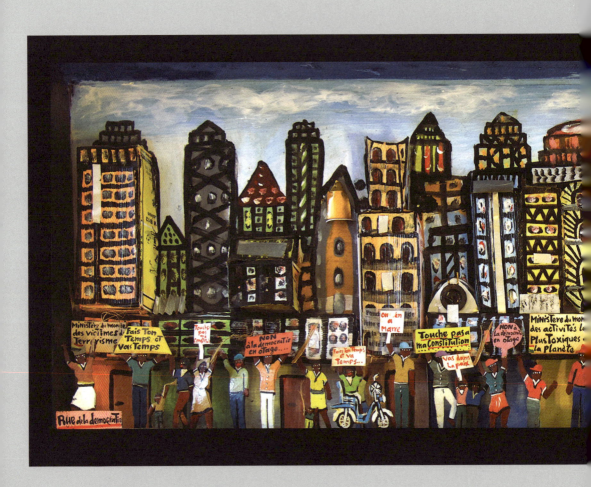

A: 言葉とサインで都市空間が描かれている...
E: ポリローグですね！
A: 吹き出しが特別な場所を示すのに使われています
E: コミュニケーション・ツールとしてのグラフィティ

Flexible Signposts to Coded Territories
（奔放な標識、コード化された縄張り）
Florian Goldmann
Athens, GR
2008–2012

この作品は、アテネの街の至るところで見かけるグラフィティに着目した研究書であり、街の行政や社会の境界・規則を巧みにすり抜ける空間的秩序の存在を暗示することで、都市の集団間で日常的に繰り返される縄張り争いのロジックがどのように表明されているかを示そうと試みたものだ。

Florian Goldmannは、地図と写真を用いてこの街を調査し、彼が「コード化された縄張り」と呼ぶ領域、たとえばサッカーファンによる声明、反論、単なるマーキングからなる一貫した物語が示す領域を明らかにしている。本のなかでは、各グラフィティが描かれた文脈を写真とともに確認することで、そのキャンバスとなるもの、つまり壁、窓、あるいはそのほかの歩行者から見える面、またそれらの空間的な位置、すなわちマーキングされる領域の中央にあるか、あるいは外周にあるか、ということに基づいてグラフィティを分類している。時折写真の上に白線が引かれ、混沌としたグラフィティの壁面を解読する一助となっている。これらの写真と併せて、本書では、100区画に分かれたGoldmannによる手描きのメモとしての地図

ドローイングも掲載されている（次頁に掲載されているのはそれらをつなぎ合わせた大きな地図である）。グレーの線は道路、線路、地名を示し、カラフルな線でグラフィティが表されていて、その上に引かれた無数の取り消し線は、壁面上で目下進行中の「論争」を示している。カラーの線はグラフィティの描かれた場所を示すように配置されており、ひとまとまりの地図をつくりだしている。グラフィティが物理的空間における文字コミュニケーションの経験だとすれば、Goldmannの地図は、この都市の経験を一枚の紙に書き移そうと試みたものなのである。

グラフィティは無意味な叫びでも根拠のない破壊行為でもなく、むしろ道行く人たちに、一時的なしかし一貫性のある座標と道標のような体系を示し、文字によるマーキングの視覚的システムを通して都市を再構成する建設的な役割を果たす、ということをこのリサーチは物語っている。

The Arsenal of Exclusion & Inclusion
（排除と包摂の武器庫あるいは資料集成）
Interboro Partners
US
2017

建築設計、都市計画、研究を手がける設計事務所によるこの書籍は、アメリカ全土の都市環境において社会的統制が働く法的・物的メカニズムについて、アクセシビリティの観点から8年をかけて行った研究成果である。これは廃止された施策や現行規則の運用性の、両方の歴史を辿って現況を示し、このような規則を、デザイン技術の「武器庫」にある社会的包摂のための「武器」と捉えることで、それらが及ぼす害を克服することを呼びかけている。202の見出しを含む書籍は分厚く、その量は、これまでの都市史で見過ごされてきた多様なメカニズムの存在を示唆している。

この百科事典のような本の各記事は、文献資料から集められたもので、図解つきの論考と解説の2本立てで構成される。たとえば「戦場からの声」とされる利害関係者へのインタビューを含めることなどによって、文章量は時としてさらに長いものになる。さまざまな書体や背景の使い方とあいまって、それぞれの文章が異なる行為

A: 喫煙者の煙がひとつになって、領域が表現されています

A: 車椅子用のスロープもあります

E: 境界の話だけでなく、屋上が使われているのもアクセシビリティを表していますね

E: 警備員や警察官が、見えない境界線を示しています

者の声としても見える。

この迷宮のような書物を読み進める鍵となるのは、アーティストのLesser Gonzalezが制作した本の索引にもなる切り離せる地図である。それは空想の繁華街がイラストとして描かれたもので、監視カメラの映像のような広角の三点透視の俯瞰図で示されている。感嘆調のセリフには吹き出しが使われ、鳥人間が、「排除的居住区設定」という人種差別、エレベーターなどのテクノロジーによるコントロール、公園の「クワイエットゾーン」(静穏区域) のような空間、「徘徊禁止」の看板、計画案、法律など、「排除の武器庫」がある奇妙な建物の並ぶ街を横切り、うごめいている。これらの状況は目に焼きつくような色の対比により強調され、見る者の興味を引くと同時に、建築環境に点在する行為的主体性(エージェンシー)を閉じ込めている。

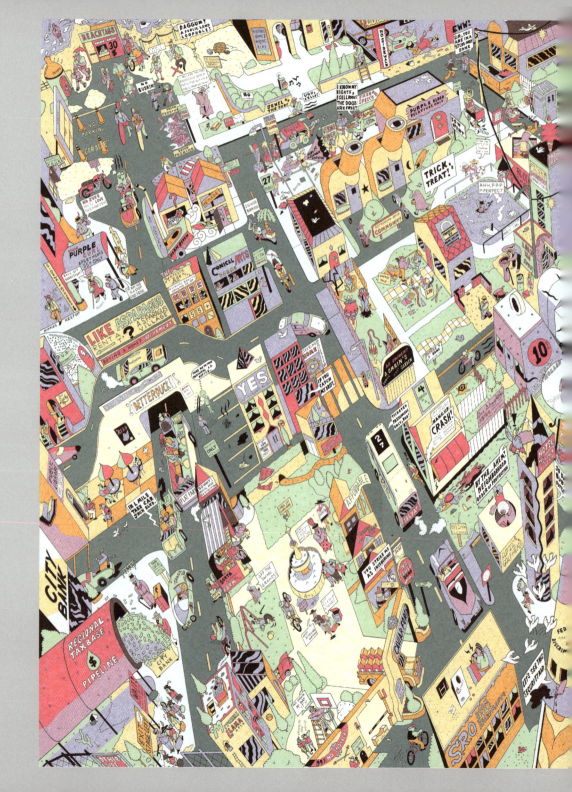

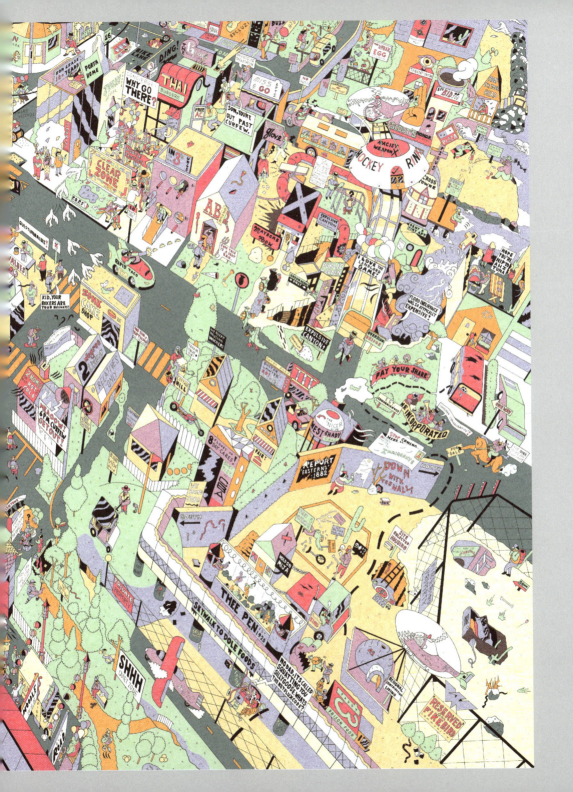

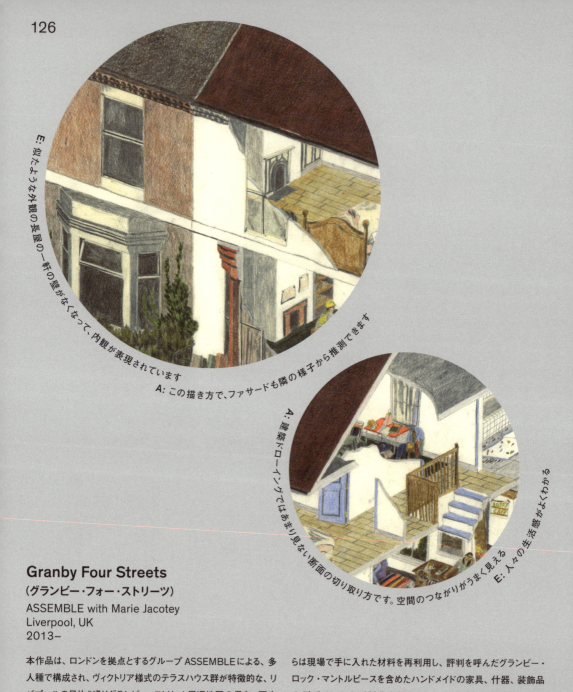

E: 似たような外観の長屋の一軒の壁がなくなって、内観が表現されています

A: この描き方で、ファサードも隣の様子から推測できます

A: 建築ドローイングではあまり見ない断面の切り取り方です。空間のつながりがうまく見える

E: 人々の生活感がよくわかる

Granby Four Streets
（グランビー・フォー・ストリーツ）
ASSEMBLE with Marie Jacotey
Liverpool, UK
2013–

本作品は、ロンドンを拠点とするグループASSEMBLEによる、多人種で構成され、ヴィクトリア様式のテラスハウス群が特徴的な、リバプールの目抜き通りグランビー・ストリート周辺地区の保存・再生プロジェクトである。廃屋と化した歴史的なテラスハウス4棟を救うために、2011年に地元住民による組織が設立され、作家は2013年にこれらのテラスハウスを含む10棟のリノベーションを提案し、この動きを後押しした。2014年の最初のリノベーションに続いて、彼らは現場で手に入れた材料を再利用し、評判を呼んだグランビー・ロック・マントルピースを含めたハンドメイドの家具、什器、装飾品のデザインおよび制作を行うコミュニティ発の工房「Granby Workshop」を設立。手がけたものすべては反響を呼び、この地域全体が前衛的な実験場として再興し注目されるきっかけとなった。2016年に彼らは、彼ら自身の事務所でもあるシュガーハウス・スタジオのシェアメイトであるアーティストMarie Jacoteyに、この地域

E: 裏庭は作業場に使われてる
A: 浴室のラグは、作者のデザインみたいなパターンですね!

E: リビングが、工事のミーティングに使われてますね

E: …道路にも材料が置かれて、この通りの活発な変化が伝わります

の変容をアクソノメトリックの鉛筆画の連作として描くことを依頼した。その1作目は、作家がプロジェクト準備中に仕事および生活の場として過ごした家での日々の光景を描いたものである。ケアンズ・ストリート48番地で、主寝室ではメンバーは寝起きとともに仕事をし、キッチンでは近所の人が施工者たちのためのカフェテリアを運営し、裏庭の倉庫は小さな制作工房として使われた。備品、家具、床の対照的な色や質感によって室内空間の重要性が強調される一方で、建物のディテールは省かれており、横断面のすべての要素は同じ厚みとして表現され、グレーで塗りつぶされている。境界壁は取り除かれ、ファサード、天井、階段、壁を適宜切り取った開口から、住宅の室内空間が現れる。近隣に向けて開かれた劇場ステージのようにこの建物を表現することで、ドローイングはASSEMBLEの市民としての公共性や透明性、そして地域コミュニティとの一体感を伝えている。

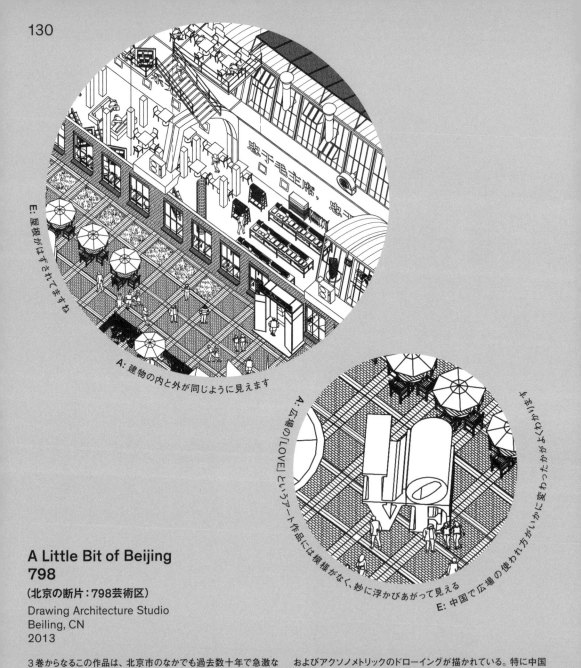

A Little Bit of Beijing 798
（北京の断片：798芸術区）
Drawing Architecture Studio
Beiling, CN
2013

3巻からなるこの作品は、北京市のなかでも過去数十年で急激な変化を遂げてきた最もファッショナブルな3地区、三里屯、798芸術区、南鑼鼓巷を記録したものである。またこの3巻に加え、6つの空想の物語とドローイングを含む冊子には、一時的に流行るさまざまな状況に辛辣な解説が加えられている。
この調査では、現地調査の後「スケッチアップ」（三次元モデリング・ソフトウェア）で立ち上げた地域の3Dモデルから作成した正投影法およびアクソノメトリックのドローイングが描かれている。特に中国の都市の活気がよく伝わる室内空間の表現に重点が置かれている。本来なら単に技術的で無機的な図法を、人物や事物のディテールを視認できるように示すことによって、都市生活の特別な瞬間を捉える舞台へと変貌させている。最も多用される図法はアクソノメトリックだ。それらは線とハッチングやベタ塗りの組み合わせで描かれており、作者は各地区の物語を紡いでいく際、4つの異なる

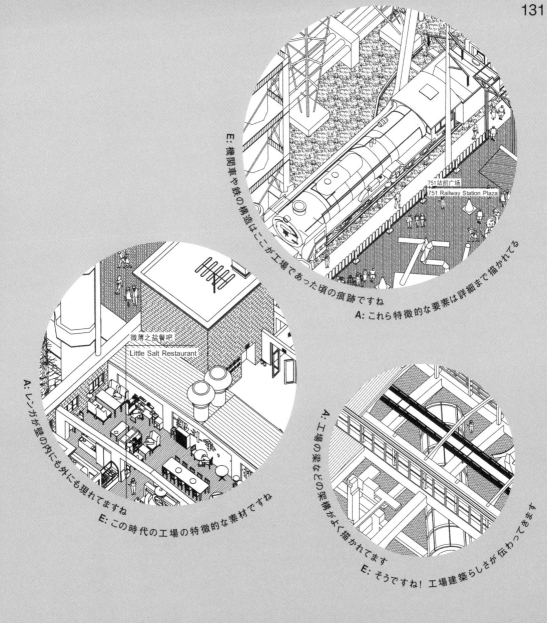

表現で図法の可能性を探究している。まず舞台全体を遠くから描写している白黒の３Ｄマップ、それから選ばれた場の物語を伝えるグラフィック・ノベル（大人向けのアメリカン・コミック）風の挿絵。３つ目は個々のシーンの部分と全体の関係を示す図で、平面と断面図が組み合わされる場合もある。４つ目は、現代の北京の情景をアド・ホックに切り取り、それらの物語を統合したアクソノメトリック図である。この作品は、中国の急速な都市開発の速度に対して建築設計が非力であることがわかった時代に、観察、記録、そして都市の複雑性と多様性を明確化するための方法として建築ドローイングの可能性を実証した。このような社会の傾向に対して、この作品は、食べる、ショッピングをする、映画を見るなど、人々の日常生活の活動をシンプルにかたちづくり支えるものとしての建築の可能性を探究しているのである。

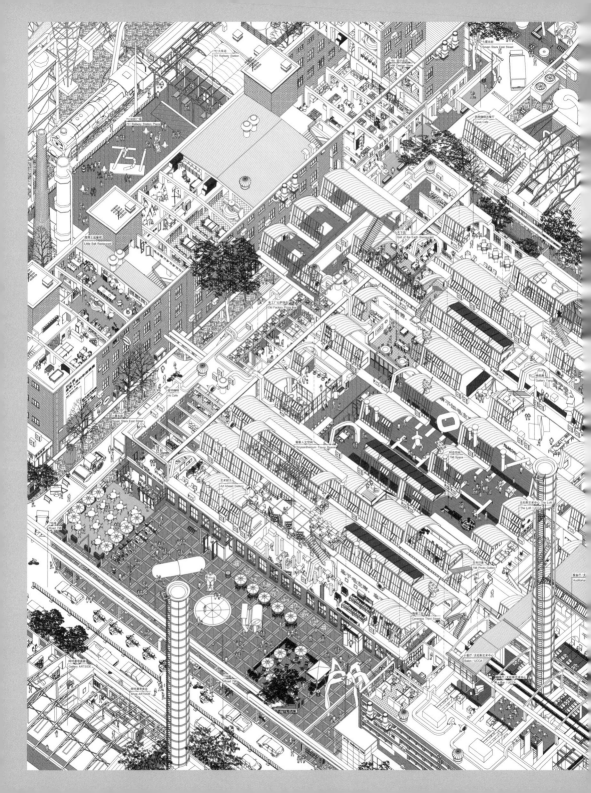

Usages: A Subjective and Factual Analysis of Uses of Public Space
Vol. 1: Shanghai, Paris, Bombay
（使い方：公共空間の利用に関する主観的実態調査 Vol.1 上海、パリ、ボンベイ）
David Trottin, Jean-Christophe Masson, Franck Tallon
Shanhai, CN; Paris, FR; Mumbai, IN
2011

本書は、2010年から2011年のあいだに上海、パリ、ムンバイで行われた3つの調査をまとめたものである。作者は「日常の目線から見た都市」と定義するパブリック・スペースに焦点を当て、3都市の道路、歩道、広場、公園などで展開される個人や集団のアクティビティの膨大なレパートリーを研究している。
本書はそれぞれの都市を特徴的な地域に分け、地図、ダイアグラム、グラフィックを用いて図表にまとめている。歩行による現地調査で、都市環境に埋め込まれた暗黙の振る舞いのルールを巧みにかわした、自然発生的な使われ方が見えてきた。歩行者の視点で撮影された大量の写真は個々のシーンに翻訳され、最終的には、これらをコンピュータでトレースし、写真のもつ視覚的複雑さから必要な要素を取り出して抽象化し、人々、動物、物体、サイン、アーバンファニチャーなどを色分けすることによって、そこでの異なる利用を際立たせる。説明文に示される時間情報は、これらの場面に一時的

A: 石の台座がベンチになってますね
E: 空間と人々の振る舞いの関係も見えますね

E: ウッドデッキに座るときは靴を脱ぐ、と…
A: ここでは床のデッキ材も描かれているのが重要です

A: 夜にはみんなポール灯の下に集まっていますね
E: 時間帯も使われ方に影響します

に現れる特徴をさらに強調している。

本書の目的は、「21世紀の都市で加速するセキュリティの強化は、パブリック・スペースを、自然発生的で"冒険に満ちた"都市生活の舞台として使うことを著しく阻んでいる」という意味において西洋のアーバニズムを批判することだ。ムンバイと上海の調査では、眠る、服を干すなど私的活動がパブリック・スペースで行われることに着目する一方、パリでは「安全で、危険のない、感情のない都市」の限りなく厳格な規則と衝突し続ける、人々の日常のアクティビティを記録している。さらに、人々の動きまわる姿、ベンチの座り方、壁へのよりかかり方などの動作を通じて、パブリック・スペースでの身体的振る舞いを描写し研究することができ、段階的選択という単純なプロセスから、都市環境と身体の相互作用を観察する方法を示唆している。

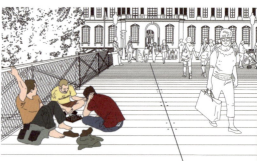

 Vendeurs de souvenirs patients

Au jardin des Tuileries, le 9 septembre, à 16 h 00 > Trois jeunes hommes profitent de l'appui d'un socle en pierre de taille du jardin pour attendre tranquillement les touristes et vendre leurs tours Eiffels miniatures.

Patient souvenir sellers

Jardin des Tuileries, 9 September, 4 pm > Three young men use a stone plinth in the garden to display their wares, waiting patiently for tourists to buy their miniature Eiffel Towers.

 Pont-terrasse

Pont des Arts, le 11 septembre à 18h00 > Sur un des seuls ponts complètement piéton de Paris, les planches de bois invitent à s'asseoir confortablement, comme le font ces joueurs d'échecs.

A bridge-cum-terrace

Pont des Arts, 11 September, 6 pm > The wooden surface of on one of the few pedestrian bridges in Paris makes a tempting place to sit for these chessplayers.

 Flot roulant

Rue Montmartre, le 29 août à 10h08 > Deux fois tous les week-ends sont organisées des balades en roller dans Paris. Les rues sont bloquées, accaparées par les randonneurs.

Crowds on wheels

Rue Montmartre, 29 August, 10.08 am > Twice every weekend, thousands of rollerskaters take to the streets of Paris, holding up the traffic as they pass.

Rock n'roll

Place de la Bastille, le 5 septembre à 16h00 > Sur la grande place de la Bastille, ce groupe de jeunes musiciens prend une cabine téléphonique comme fond de scène pour un petit concert de rue.

Rock n'roll

Place de la Bastille, 5 September, 4 pm > A group of young musicians use a phone box as a venue for a little outdoor gig.

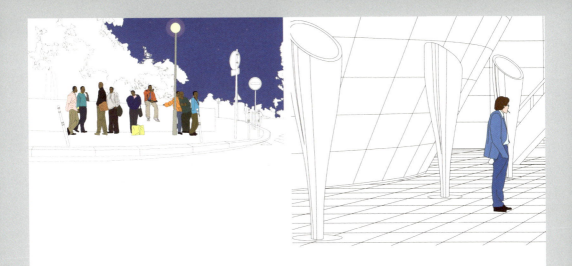

 Groupes le soir
Place de la Porte-Maillot, le 9 septembre à 22 h 00 > Des hommes regroupés sur le trottoir de la place semblent attendre, à la lumière d'un lampadaire, un éventuel employeur (ou client).

Night group
Place de la Porte Maillot, 9 September, 10 pm > Men gathered on the pavement under a lamppost on the square seem to be waiting for a new employer (or customer).

 La démesure de l'édifice
Au palais des Congrès, le 6 septembre à 15 h 00 > Cet homme seul fait une pose cigarette avant, sans doute, de retourner suivre son séminaire dans une des salles immenses du palais des Congrès.

Mega-building
Palais des Congrès, 6 September, 3 pm > A lone man in this hostile place pauses for a smoke; then he'll probably go back to his seminar in one of the huge auditoria of the Palais des Congrès.

Pause-déjeuner collective
L'esplanade de La Défense, le 26 août à 14 h 00 > Sur les marches de la Grande Arche, dans l'axe historique de l'arc de triomphe de l'Étoile, les employés de bureaux déjeunent, avec vue !

Collective lunch break
Esplanade de la Défense, 26 August, 2 pm > On the steps of the Grande Arche, at the far end of the historic perspective that also includes the Arc de Triomphe, office workers have lunch…with a view!

Do You Hear the People Sing?
（人々の歌が聞こえますか？）
Crimson Architectural Historians with Hugo Corbett
Mulltiple inner cities, US; Amsterdam, NL; London, UK; Los Angeles, US; multiple cities, ZA; multiple cities, FR; Cairo, EG; Istanbul, TR; multiple cities, BR; Hong Kong, HK
2016

この冊子は、オランダの都市アイントホーフェンのファン・アッベ美術館で開催された「Who Owns the Street?」展のカタログとして出版された。展示は、社会政治的権力の紛争の場として現代都市の街路を考察したものである。作品は、過去半世紀の世界中の抗議デモの場面を集め並べたパノラマで、美術館では数面の壁にわたって展開されるひと続きの広大なドローイングとして描かれた。冊子では、紛争中の出来事を断片的なシーンの連続のパノラマとして再現し、その詳細により各都市を描き分け、具体的に何が起こったのかを解説文で記している。作者たちはこのパノラマを「建築、抗議する人々、権力装置、スローガン、その他諸々の身のまわり品が民主主義を本能的に形成し表している、寓話的な路上のシーン」と説明している。特にここで取り入れられた仕掛けは、街路

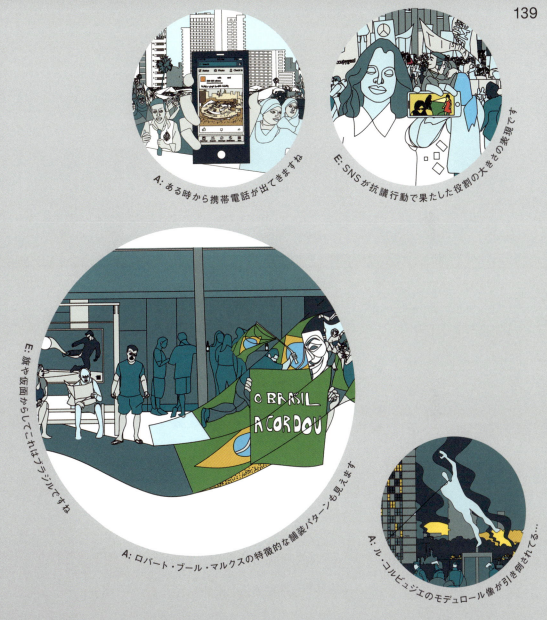

A: ある時から携帯電話が出てきますね

E: SNSが抗議行動で果たした役割の大きさの表現です

E: 旗や仮面からしてこれはブラジルですね

A: ロバート・ブール・マルクスの特徴的な舗装パターンも見えます

A: ル・コルビュジエのモデュロール像が引き倒されてる…

に面した建築立面の反復から生まれる必然的な連続感を利用して、異なる場所どうしを結びつけ、現代世界の情勢を、ひとつながりのストリートとして表現したことである。直線状に展開し視野の外まで広がっていく物語としてのパノラマは、左から右へ、1960年代のアメリカ合衆国から2014年の香港、そしてさらに続く時間軸を形成している。1960年代、70年代、80年代、90年代ではそれぞれひとつの敷地が設定されるが、ミレニアム以降は加速して6つの対象地が設定され、そのうちの4つは出版時から5年以内のものが選ばれている。つまりこのパノラマは、公共空間をバーチャルに補完する近年のソーシャルメディアの役割を問い直すと同時に、それにより加速する時間軸を一望させることで、近未来での世界紛争の増加を予感させる切迫感を表現している。

Refugee Republic
(難民共和国)

Jan Rothuizen, Martijn van Tol, Dirk-Jan Visser, Aart Jan van der Linden
Domiz, IQ
2014

「Refugee Republic」は、アーティストのJan Rothuizen、マルチメディア・ジャーナリストのMartijn van Tol、写真家のDirk-Jan Visser、ウェブ開発者のAart Jan van der Lindenの協働による作品で、イラク北部のシリア難民が起居するドーミーズ・キャンプにおける日常生活のドキュメンタリーとしてのインタラクティブなドローイングである。2014年に公開されたウェブサイトでは、スクロールできるパノラマのドローイングと環境音楽のBGMが融合し、埋め込まれたスケッチ、ビデオクリップ、字幕つきの音声ファイル、さまざまな住民たちのフォトエッセイが組み合わされ、それらはすべてキャンプのインタラクティブ・マップからアクセスできるようになっている。協働者たちはこの没入型のオーディオ、ビジュアルの手法によって、外部支援に依存する難民という雛形を超え、キャンプで再編成されたいきいきとした暮らしの内なる原動力を伝えようと努力した。インタラクティブ・マップから、敷地全域を通りパノラマ式に展開する4本の経路まで、このウェブサイトのドローイングは、アーティストの雄弁な筆致によるものだ。絵を構成する輪郭線の微妙な揺らぎ、

そしてそれらに抑揚をつける勢いのあるハッチングや細かい点描は、キャンプに見られる仮設建築のアド・ホックかつ強靭なさまを示唆し、またキャンプ全体がもつ DIY カルチャーの雰囲気を表現している。さらに Rothuizen の縦長の手書き文字が、ペン画の野帖と調和している。アーティストの綿密な観察と、キャンプの日常生活がもつ複雑さのなかへ仮想的に入り込むというウェブサイトのコンセプトとが、言葉と画像の組み合わせで示されている。このことはスクロールできるパノラマに埋め込まれた個々のスケッチにおいて、特にはっきり表れる。人や物が溢れんばかりの画像や注釈は、人が詰め込まれすぎたキャンプの状況や、限られた空間に生活空間すべてを納めなくてはいけない難民の重い負担を暗示している。パノラマ画面を指で送っていくと、いずれ道の終わりが見えてくるが、それは真の終わりではない。代わりに、見る者は敷地の外に出て周辺地域一帯へとスクロールし続けることができる。これは、キャンプの将来とどこまでも続くその拡張の暗示と考えられる。

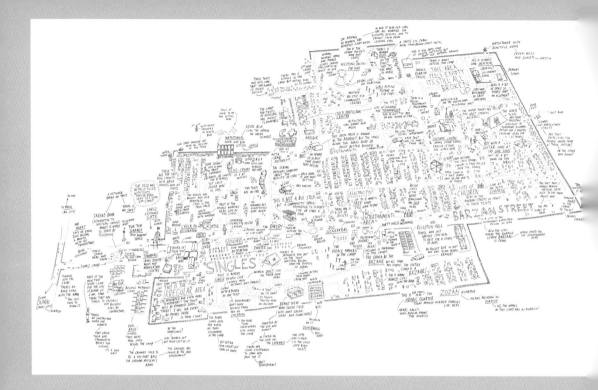

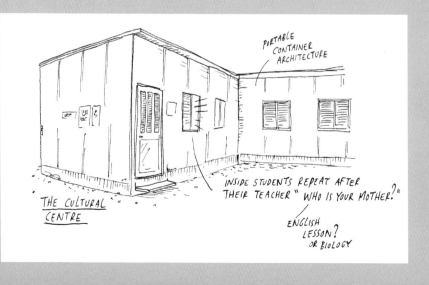

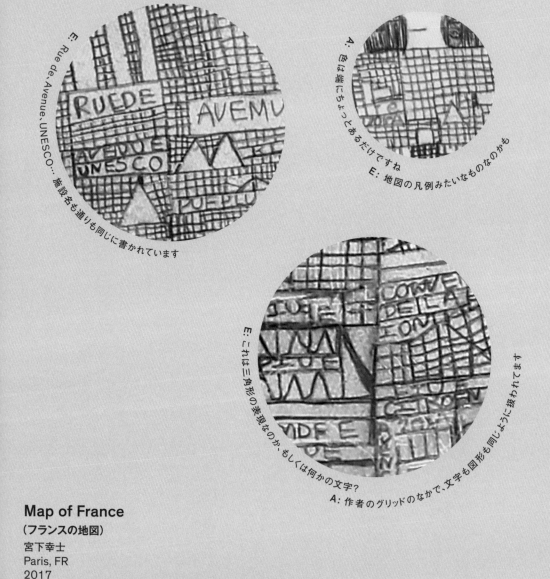

E: Rue de, Avenue, UNESCO… 施設名も通りも同じに書かれています

A: 色は端にちょっとあるだけですね
E: 地図の凡例みたいなものなのかも

E: これは三角形の表現なのか、もしくは何かの文字?
A: 作者のグリッドのなかで、文字も図形も同じように扱われています

Map of France
(フランスの地図)

宮下幸士
Paris, FR
2017

この作品は、実際の地図をもとに、作家が自身のイメージのなかに組み立てた都市の地図を手描きで表現したものである。作家は、1986年に滋賀県甲賀市で設立された、障がいをもつ芸術家のための通所のアトリエ「やまなみ工房」に所属している。彼の作品は、たとえば新聞の印刷された文字、あるいはバスの時刻表など、膨大な量の未加工の情報を処理することへの情熱から生み出される。ここに紹介する作品は、工房のテーブルに置きっぱなしにされていたフランスの実際の地図を、彼が偶然見つけたことから生まれたものだ。この1枚の資料に触発された作家は同じような地図を探し、最終的にさらに3枚の地図が使用された。

厚手の画用紙に鉛筆とボールペンで描かれた作品は、異なる4枚の地図から得た情報を独自の視覚言語を用いて統合している。作家によって描かれる細かく短い線は紙全体を覆う密実な黒いテクスチャーを形成し、この作品の制作に費やされた労力、集中力、時

E: Mの字がいっぱい見えます。メトロの駅?
A: 本当に正確に、文字がグリッドからはみ出さないですね

A: 太い線を隔ててグリッドが変わってますね
E: 運河かな？これより下のほうはグリッドが細かくなって、住宅地みたいです
A: あ、この広場よく知ってる！

間を物語っている。似たような大きさに分割された大部分が、三角形あるいは四角形のマス目を組み合わせた構成である。四角いグリッドで埋め尽くされたマス目もあれば、パリの名称を示す言葉が書き込まれたマス目もある。いくつかのマス目は空白のまま残されているが、それらは街の風景をかたちづくる建物の立面図や切妻屋根を表現しているようにも見える。

この地図を辿るうちに、鑑賞者は見慣れた場所と見たことのない場所が隣り合う、不思議な風景を経験する。現実を正確に表現すべきであるという地図の既成概念に囚われず、作家は、自らの視覚的想像力の探究のために地図を下敷として、遠い国の地理的複雑性に対する自身の驚きを傾け、現実と空想の入り混じった全く新しい世界を描いているのである。

One Hundred Views of Dogo
(道後百景)

山口 晃
Matsuyama, JP
2016

「道後百景」は愛媛県松山市の道後温泉地区を舞台に、現実と空想の入り混じった町の風景を描いた10点の連作画であり、2016年のアートイベント「道後アート」のために町のガイドブックの挿絵として制作されたものである。長い歴史を有する温泉地道後は、1906年に書かれた夏目漱石の代表作『坊ちゃん』の舞台として広く知られる。『坊ちゃん』は漱石自身が1895年に松山に滞在した経験をもとに書かれている。この近代日本文学の礎を築いた作家による、教科書にも採用された物語の舞台を見ようと、全国から多くの人々が大きな期待を胸に、道後で主人公のように湯に浸かり、団子を食べ、小説では文字でしか綴られていない場面を、時を遡って体験したいとやってくる。
観光ガイドに見られるこうした巡礼的な趣を取り入れながらも、山口は独自の視点で町を歩き、観光地として典型的な場所だけでなく、電柱や室外機、トタン屋根などのある、道後のなにげない現代の裏

E: 木が青い!
A: 青緑山水という画法ですね。ここだけ塗り分けて、背景から切り分けて見せています

A: 給湯器屋エアコンの室外機がコンクリート壁に取り付いてる…ちょっと変
E: 本当かもしれないし、想像かもしれない。どちらとも取れるのが面白い

A: ここにも江戸時代の人が!?
E: これもどうだろうか…有名な四国八十八ヶ所巡礼ルートの近くなので居てもおかしくはない

通りも含めた風景を前向きに捉えている。そしてフィクションも織り交ぜながら描き、ある種のパロディとして、江戸絵画を思い起こさせる「道後百景」という名前がつけられた。山口の眼を通して、道後は、近代化された日本の現状や『坊ちゃん』が書かれた時代、漱石自身がここに滞在した月日、道後の過去1000年の歴史などさまざまな時間の要素を取り入れることで、時間的連鎖の上にある場所として描かれている。

散策後に作家が町を象徴する眺望を見極めて描いた一連の作品は、水彩紙に水墨画の伝統的技法が用いられ、現代の町の風景と空想を視覚的に構成することで、見る者に過去への想像力をかき立てる作品となっている。作家の白昼夢に現れる、電信柱の変圧器を覆う伝統的な銅板葺きの屋根や、テラスの侍。こうした空想が、この町のリアリティを拡張するのである。

Local Ecology Map of CASACO
（カサコ 出来事の地図）
トミトアーキテクチャ
Yokohama, JP
2014–

横浜の傾斜地に位置する建築「CASACO（カサコ）」は、2軒長屋をリノベーションして、パブリック・キッチンとイベントもできるコミュニティ・スペースを併設した留学生のためのゲストハウスとして2016年にオープンした。設計と並行し、建築費を補塡するためのまちづくり助成金申請を近隣コミュニティと交流・理解を共有しながら進める、というユニークなプロセスで、トミトアーキテクチャはこの建物のまわりで起こる出来事の民族誌学的なリサーチを、計画時、施工時、入居後も含め継続して行っている。この「出来事の地図」はそのなかで生まれたドローイングである。この設計・調査の期間、助成金申請のほかに住民参加型のイベントなども行われ、建築家、家主とコミュニティが強い絆を結ぶこととなった。

トミトアーキテクチャは、この「出来事の地図」をつくり始めるにあたり、以前に行った学生ワークショップで用いた手法を応用した。現在でもまだ更新され続けているこのドローイングは、建築家が「CASACO」周辺の住民とかかわり合うために用いた特別な方法を反映している。まずインタビューによって、大小さまざまな出来事、

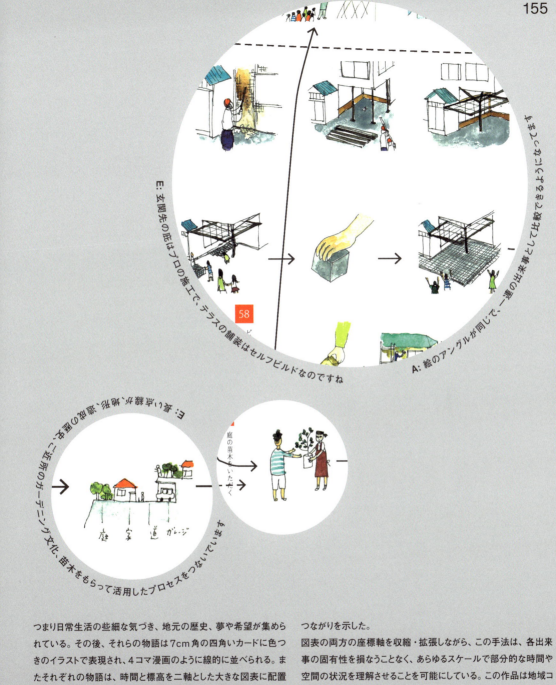

つまり日常生活の些細な気づき、地元の歴史、夢や希望が集められている。その後、それらの物語は7cm角の四角いカードに色つきのイラストで表現され、4コマ漫画のように線的に並べられる。またそれぞれの物語は、時間と標高を二軸とした大きな図表に配置される。横軸は過去から現在までを、縦軸には海面水位から近隣地区の最高地点である野毛山公園と動物園までが展開される。最後には矢印が書き加えられ、個々の物語の時間的・空間的な関係性を表し、一見わかりづらかったり見えにくかったりするそれぞれのつながりを示した。

図表の両方の座標軸を収縮・拡張しながら、この手法は、各出来事の固有性を損なうことなく、あらゆるスケールで部分的な時間や空間の状況を理解させることを可能にしている。この作品は地域コミュニティの変化と成長の記録でもあり、これを通じて、新しい建物とそれを取り巻く出来事が有機的に関係づけられ、人々の新しい日常がかたちづくられることが示されているのである。

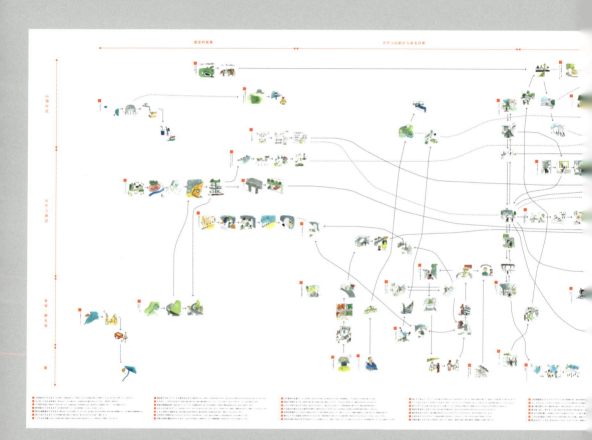

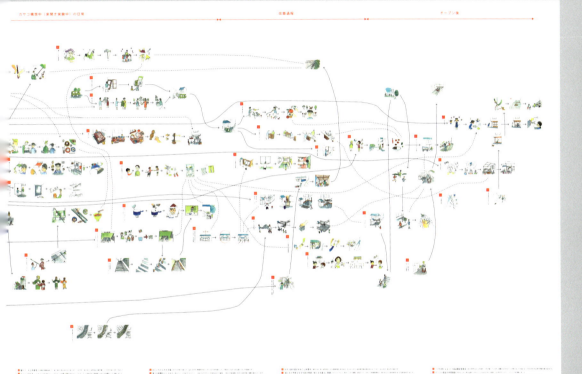

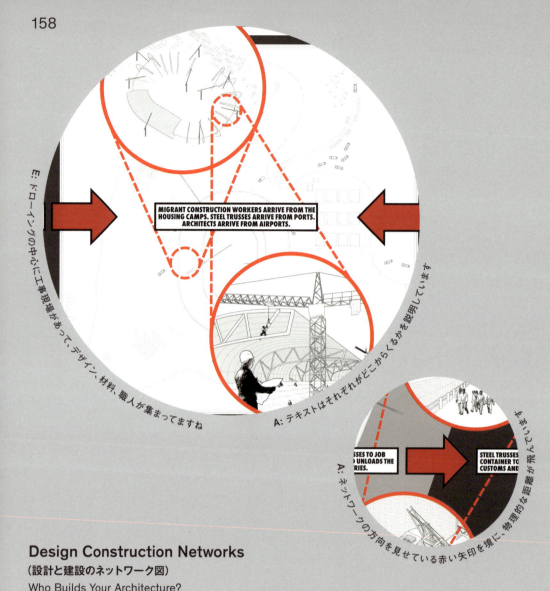

Design Construction Networks
（設計と建設のネットワーク図）
Who Builds Your Architecture?
Worldwide
2014

この作品は、国境をまたぐ建設プロジェクトにおける人権と建築設計・施工の関係を研究する建築史学者のグループ、Who Builds Your Architecture? により発表された調査ドローイングである。このテーマを取り上げた理由は、そうした建設プロジェクトが建築家、エンジニア、専門家らが身を置く安定した官僚主義的機構と、移民労働者の不安定な状況が交差する場となるからである。
ドローイングは、さまざまに組み合わされた地図を背景とする横長のデジタル線画で、架空のスポーツ・スタジアムの設計と施工について詳しく紹介している。四角く囲まれたキャプションと赤い矢印からなる11の部分で構成されており、両端から内側へと進行する2つの物語が、双方の重なる中心となるスタジアムの建設現場に向かって進んでいく。左側の流れは、構造体の1本の鉄骨トラスを題材に、コンセプトデザイン、構造設計、製造、輸送、組み立ての過程を辿る。右側の流れは、母国での雇用から始まって職業訓練と移住を経て工事現場の仮設宿泊所に至る、建設労働者の旅を描いている。双方の軌跡を見ると、根底にある大きな格差は明らかである。

A: それぞれの場所は鳥瞰のアクソメ図で描かれ、人々の様子は一点透視図で描かれています

E: それぞれのフェーズの舞台になる街の地図が下敷きになってますね

E: ブルーノ・ラトゥールの"王の地図"と"民衆の地図"を彷彿させます

　国際的な人権NGOであるヒューマン・ライツ・ウォッチやその他の機関の報告書をもとにつくりあげた2つの物語は、虫眼鏡をグラフィックの比喩として取り入れたことで、プロセスの全段階を双方の観点から詳細までじっくり眺められる。そこでの個々の出来事は、一点透視図からアクソノメトリック図まで幅広い表現方法を用いて強調される。それらによりこのドローイングは、ひとつの因果関係から生じる軌跡上に、本質的に異なる社会、経済、材料のネットワークを配置することで、たいていは別のものとみなされて忘れられ見えなくなっている関係性を表している。結果、この作品は、建築家や施工管理者のあいだで論議を生むものとなったが、そのことにとどまらず、輝かしい創造物を実際に建設する声なき人々と、彼らの集団的努力、痛み、不当な扱いを受ける苦しみを故意に無視したり思慮なく軽視したりしないことを、人々に呼びかけているのである。

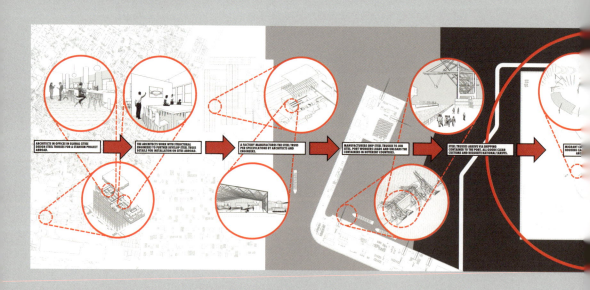

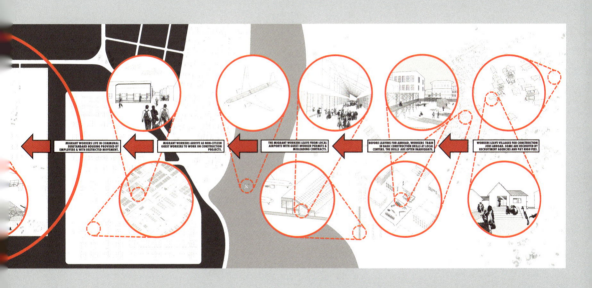

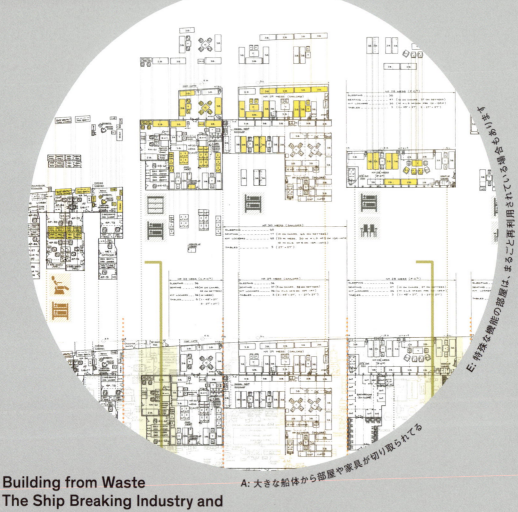

A: 大きな船体から部屋や家具が切り取られてる

E: 特殊な機能の部屋は、まるごと再利用されている場合もあります

Building from Waste
The Ship Breaking Industry and
a New Paradigm for the Urbanisation of Mumbai
（廃棄物からの構築：ムンバイの船舶解体業と都市化の新たな枠組）
Joseph Myerscough with Sarah Mills / Leeds Beckett University
Mumbai, IN
2015

この作品は、ムンバイのダルカーナ埠頭に隣接する船舶解体業コミュニティを題材にした修士制作である。指導教員のもと、作者は、現地の労働者が住まうスラム環境の衛生問題に対して建築的な提案をするために、港に到着したインド海軍艦艇のヴィクラント（当初は英国海軍、のちにインド海軍の軽飛行機を搭載した空母）の活用を考えた。
詳細な調査手法と設計指針を用いて、実際の戦艦の残骸とダルカーナの建築環境の改善点が、日用品に始まり飲料水、衛生設備などの都市的共有物に至るまで、相互に関連づけられた。彼は、調査のなかに設計上の判断を取り入れることで、調査と設計の境が曖昧に入り混じった3つの段階的なドローイングを作成した。1つ目は「解体平面図」で、船に搭載された固定家具・可動家具をすべて洗い出し、そのなかから選んで船から持ち出しコミュニティに分配する。船の第4デッキを分解した平面図をデジタル・コラージュすることで、この家具・什器の解体プロセスが注意深く視覚化されている。2つ目の「立体的な断面図」は、長手断面図の上に、まるごと

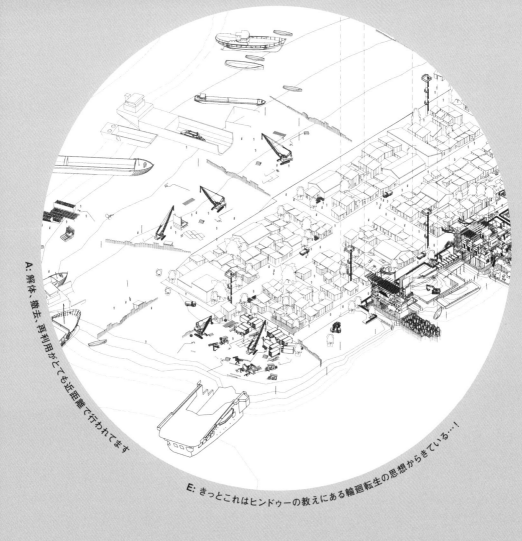

A: 解体、撤去、再利用がとても近距離で行われてます

E: きっとこれはヒンドゥーの教えにある輪廻転生の思想からきている…!

既製の構築物としてダルカーナに持っていける「船体の短手スライス」の部分をマーカーで示して重ね合わせたものであり、1つ目のドローイングは、当初の展示では透明の板に描かれ、2つ目のドローイングに重ねられたものだった。船体の一部をまるごと持っていくのは、たとえばシャワー、水槽、あるいは歯科診療室など、ダルカーナのコミュニティにほとんど存在しない衛生設備ユニットを含んだ部分である。3つ目はこれら新しい設備をどこにどのように配置していくかを示し、「アクソノメトリック図」によるコミュニティの全体計画として示されている。この作品の傑出した独創性は、建築をつくるありきたりな考え方を再考させることに留まらず、新しい構築物のために既存物の解体を伴うリユース・プロジェクトの場合は建築表現も見直す必要があることを示していることである。一般的なものとは異なり、これらのドローイングは何を残すかを示し、設計案はすべてを保持することで構成されている。

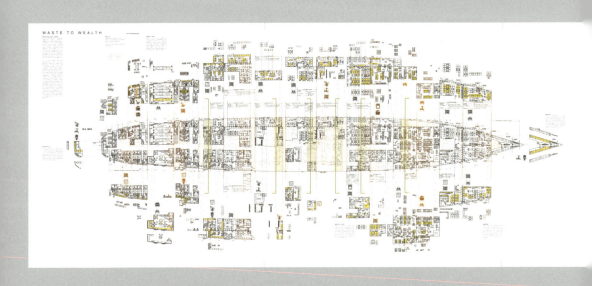

DARUKHANA

JOE MYERSCOUGH

1:1000 Axonometric @ A1

E: ジェネリックな高層ビルが並ぶ香港の都市が見えます
A: CAD時代の表現といえますね

E: きれいな海の波の表現に行き交う船が描かれています
A: 大航海時代の地図みたい

E: トマス・モアの『ユートピア』に出てくる冒険者がいます
A: これは空想上の島について描かれているのです

Hong Kong Is Land
（香港は島国である）
MAP Office
Hong Kong, HK
2014

香港は領土の約60%が海で占められる。また、将来的な経済成長、中国本土との不安定な政治的関係、そしてきわめて重大な世界的な海面上昇の予測などの香港をとりまく要因は、建設可能な陸地の拡大という社会的圧力を生んでいる。しかし、現存する自然公園の都市化や陸地の埋め立てといった手法では、人々の支持を得られないことを考慮して、MAP Officeは、263の島からなる群島である香港に、さらに8つの浮遊する新しい世界を構想した。それらは、空想上の物語であり、子どもの遊び場、漁業コミュニティ、永遠に続く酒宴の場、水に浮かぶ巨大な集配倉庫、現世の心配事から逃れる隠れ家、合体した漂流物、生物多様性に配慮した公園、個人情報のメモリーチップが膨大に堆積してできた山といった、それぞれがひとつの世界として完結するものとなっている。こうした新しい島々に揺るぎない恒久的な意味を与えるために、近未来と古来の海図を思い起こさせる幻想的な地図がつくられた。

A: 一目 大きな海景が断面パースの背景に…
E: さまざまなスケールがひとつのドローイングに同居してます
A: 意味を強調したり、情報を連関させたりするのに有効な手法です

A: 神話みたいなキャラクターもいる…
E: これは中国の海の女神、媽祖（まそ）ですね

A: そして現代人も同じドローイングに…

　この地図は8枚を組み合わせ1枚のパネルとして完成する構成になっており、一枚一枚は島の世界を3つの部分に分けて描かれたデジタルの線画である。中央部ではそれぞれの提案の概要を俯瞰的に示し、下部ではクローズアップした透視図、そして上部では抽象化された香港のスカイラインとの関係性のなかにそれぞれの島を位置づける。これらは、珠江デルタから吐露港などの実在する場所と関連づけられ、これらが現実のものとなった場合に、地理的にふさわしい配置を示している。その一方で、ドローイングの水平方向への連続性や反復される構成、そして航路、雲、波などの一連のドローイングを網羅する画像要素による均質な背景は、すべてがひと続きの空間に見える錯覚を起こさせる。この連続的な表現が、見る者に海上で暮らす可能性を考えさせる意図を補完している。

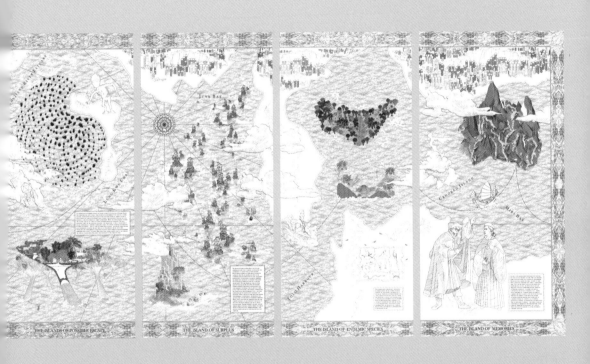

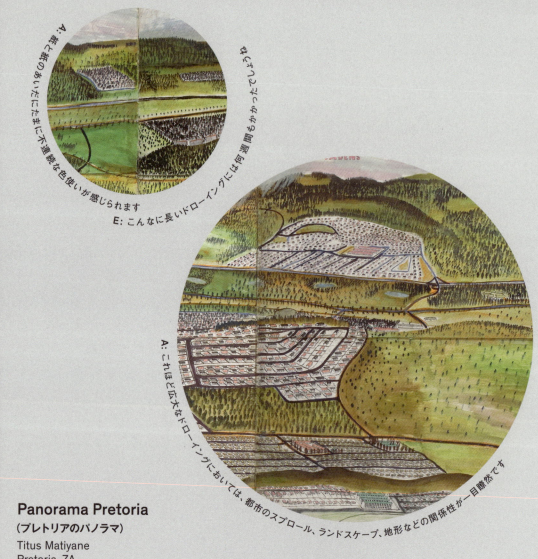

A: 紙と紙のあいだにたまに不連続な色使いが感じられます
E: こんなに長いドローイングには何週間もかかったでしょうね
A: これほど広大なドローイングにおいては、都市のスプロール、ランドスケープ、地形などの関係性が一目瞭然です

Panorama Pretoria
（プレトリアのパノラマ）

Titus Matiyane
Pretoria, ZA
2002

Titus Matiyaneのパノラマは、香港、ロンドン、ニューヨーク、ロッテルダム–アムステルダム、ダーバン、ポロクワネ–サソルバーグ、そしてここで紹介するプレトリアなど、世界のさまざまな都市のランドスケープを描いた鳥瞰図である。これらは航空写真を参照しないものの、飛行機から全体を見渡す視点をもつ。
その都市風景は部分的に地図、テレビ映像、コマーシャル、家庭のアルバムをもとにしているが、直感的に再構築されているところもある。どの都市でも、植生や建物は似た色使いで、点描と単純な形で同じように描かれる。一方、各地の象徴的な建物や、川から都市インフラといった地理的要素を注意深く強調して描くことで、その土地がもっている地勢的領域と都市化された領域の関係性が示され、抽象的な絵画構成からそれがどこか認識しうる風景となる。矢印や地名は水平線のかなたへ消えていき、地球が丸いことを強調する。
作家のダイナミックな表現やそのキャンバスの圧倒的な大きさが、見る者を惹きつけ、絵のなかへと没入させていく。この作品では、作

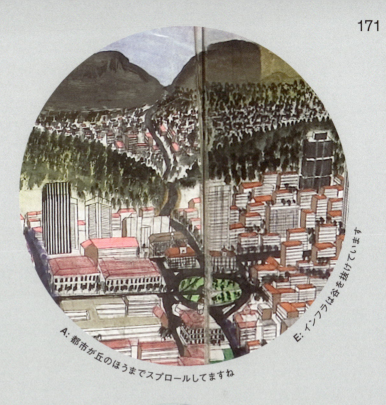

A: 都市が丘のほうまでスプロールしてますね
E: インフラは谷を抜けています

A: 地平線上に描いてある文字ははるか遠くの地名ですね…
E: いや、すぐ近くの地名もある
A: 字の大きさで距離感がわかるようになっていますね

家が南アフリカの近代化のなかで暮らしてきた経験、たとえばアパルトヘイトによって異なる人種の居住域間に設けられた「緑地帯」やほかの隔離政策のための仕組みが、絵の全体を構成するための手法として応用されている。作家が描いた世界の各都市と彼の故郷であるアッテリッジヴィルとでは、大規模開発による住宅群、均質化、機械化といった近代のジェネリックな要素のみが共通しているが、しかしこの手法によって、彼は訪れたことのないいくつかの都市をも、彼が知る要素を用いて風景全体を構成することができた。

「Panorama Pretoria」は線描、あるいは射影幾何学による正確さに頼らないながらも、現代の都市環境を構築する要素どうしの相互関係を正確に描く方法を提示している。作家は、都市を正確に描写することには興味をもたない。むしろ、彼のねらいは居住域とその周辺環境のつながりを明らかにすることにある。その意味で、彼の作品は単なる建築的尺度を超えた、人間の環境を理解するための独自の技法を提示している。

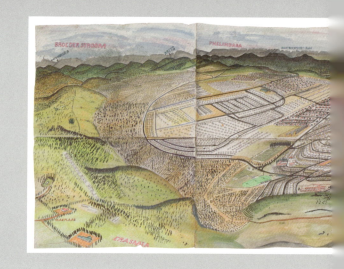
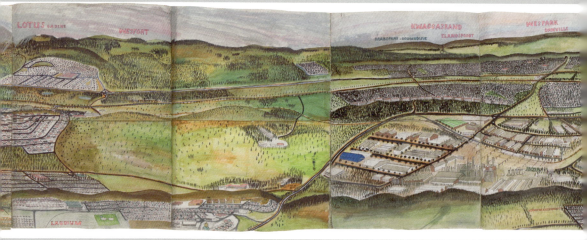
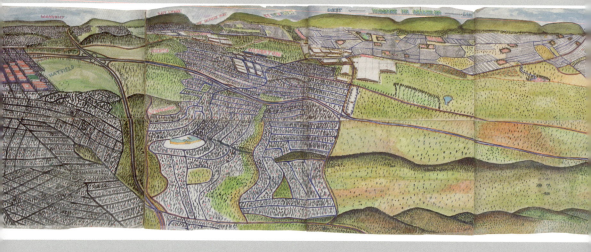

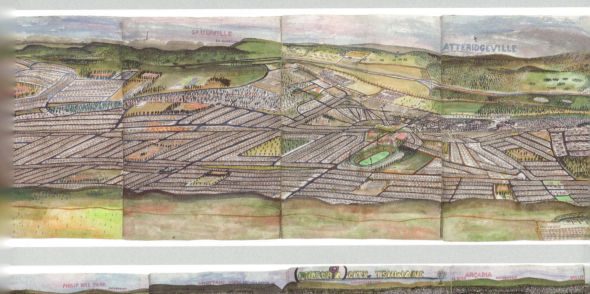
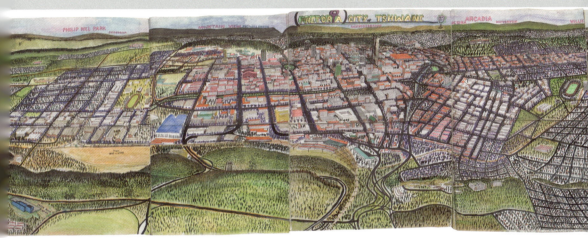

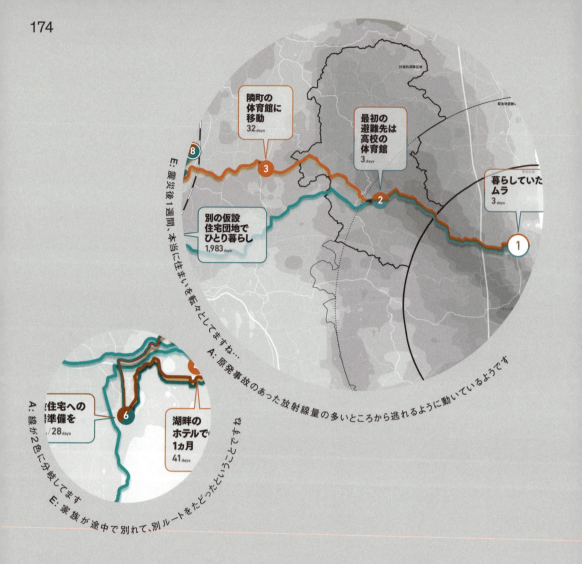

LIVING along the LINES—Fukushima Atlas
(LIVING along the LINES—福島アトラス)
青井哲人、NPO法人福島住まい・まちづくりネットワーク、福島アトラス制作チーム
Fukushima, JP
2017–

この作品は、2011年の東日本大震災による津波および原発事故後の福島県における住民の避難を記録した地図で、聞き取り調査や新聞記事、官庁統計まで幅広い情報源に基づく独自の調査結果を要約したものである。その目指すところは、この惨事についての認識を変えること、すなわち、それを特定の時点で起こった過去の出来事としてではなく、現在も続いている非常事態として捉えることにある。このドローイングは、NPO法人福島住まい・まちづくりネットワークが進めてきた調査を下敷きに、建築史家・青井哲人の監修による数巻からなる「福島アトラス」の第2巻に収録されている。青井は暮らしと環境のこの唐突な断絶を、都市史の新しい問題として焦点を定める重要な契機と捉えた。日本の近代化のような都市環境の動的変化を専門とする彼が培ってきた空間の捉え方が、放射能という見えないものが人々の暮らしにもたらす甚大な影響を可視化する試みに活かされている。

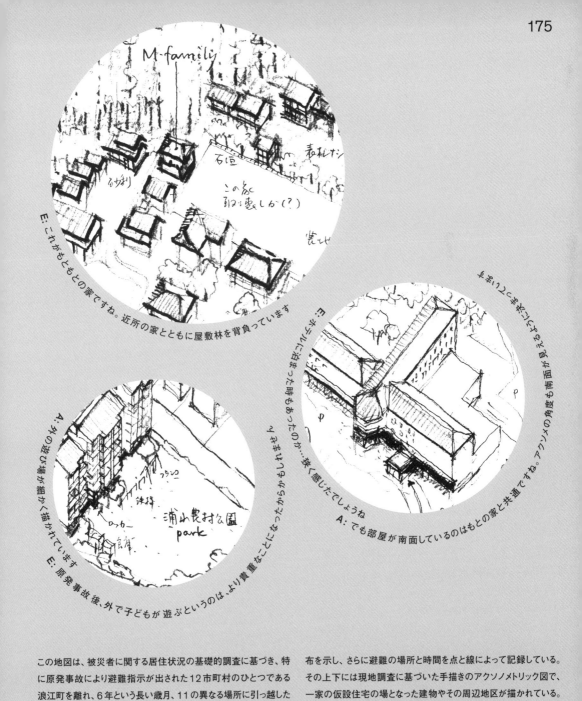

この地図は、被災者に関する居住状況の基礎的調査に基づき、特に原発事故により避難指示が出された12市町村のひとつである浪江町を離れ、6年という長い歳月、11の異なる場所に引っ越した一家の足取りを辿ったものである。タイトルが示すように、この地図の主題は、震災を生き延びた人々のこれまで語られてこなかった避難の道程や暮らしのあり方を可視化することである。画面は水平の3つの帯に分割され、中央は市町村の行政区画および放射線量分布を示し、さらに避難の場所と時間を点と線によって記録している。その上下には現地調査に基づいた手描きのアクソノメトリック図で、一家の仮設住宅の場となった建物やその周辺地区が描かれている。客観的なデータ分析に基づく地図と、建築史家の熱のこもったアクソノメトリック図が共存する画面構成が、レベル7の原発事故による甚大な規模の災害の地理的範囲と、これによりけっして終わることのない人々の暮らしへの影響を、見る者たちに突きつけている。

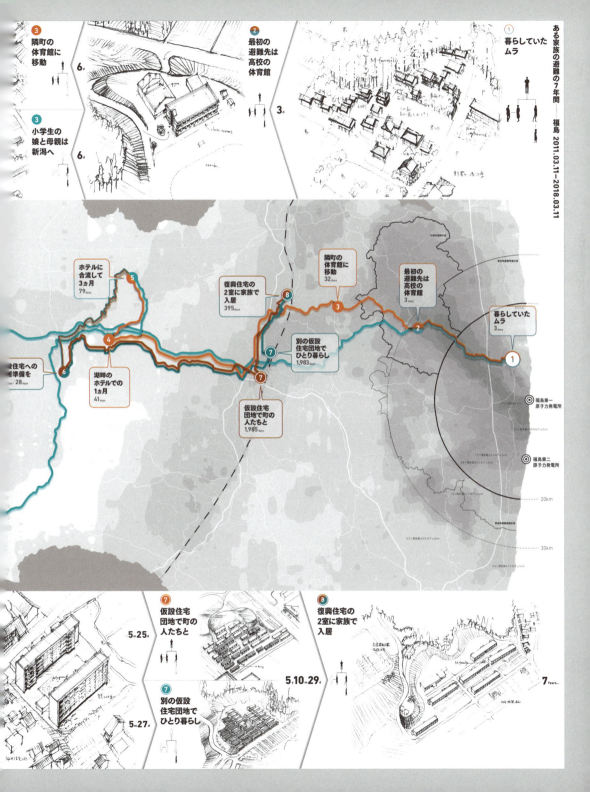

Revisiting Wajiro Kon's "Nihon no Minka"
(今和次郎「日本の民家」再訪)

瀝青会、中谷ゼミナール
Yamagata, Gunma, Ibaraki, Saitama, Tokyo, Chiba, Kanagawa, Niigata, Shizuoka, Aichi, Kyoto, Tokushima, Ehime, Kochi, Hiroshima, Shimane, and Saga, JP
2012

1922年出版の書籍『日本の民家』は、民俗学者で早稲田大学の建築学教授であった今和次郎が書いたもので、日本の民家研究に大きな影響を与えた。近代化による変化に直面していた農村地域を理解する試みとして、今は民俗学の観察・調査手法を用い日本全国の45の民家をスケッチし、手描きの平面図、断面図、立面図などにより分析した。その後、今はこの方法論を展開して日本社会の西洋化、特に20世紀初頭の東京における環境の変容を調査し、「考現学」という概念を提示した。

これに対し、ここで取り上げるドローイング調査は『日本の民家』を再現・展開させる試みである。同じ早稲田大学の建築史の教授である中谷礼仁は、今の記録した建物の現状を確認するために、専門家を集めて「瀝青会」を結成し、ゼミの学生たちと協働で6年間の

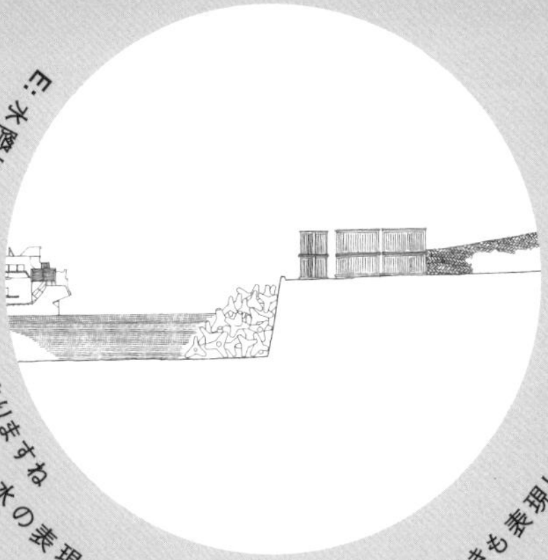

E：水際には消波ブロックがありますね

A：木の表現は、断面的な深さだけでなくて奥行きも表現しているみたいですね

E：昔と今の断面を比べると、いかに今は地面が均されているかがわかりますね

A：この場所は使われていない？

E：ここはじつは漁村の入会地なんですよ

A：短手断面では家々がどう海に面しているかわかります。大きな窓という言語を共有してます

調査をした。彼らはまず今の野帖に遡り、そこに記録された民家を探し始めた。すると驚くべきことにその多くは現存していたため、写真、スケッチ、野帖による分析ができた。さらに、彼らは今の建築的な視点を展開し、民家と周辺環境の関係の調査結果を「再訪スケッチ」というドローイングにまとめた。

鉛筆とインクで描かれたこれらのドローイングでは、集落のコミュニティが配置図、長い断面図の両方で示され、建築環境の要素も樹木から電信柱、そして時には室内空間に至るまで、きわめて詳細に描写され、地形と農村の生活の密接な関係を示している。今と中谷らの図面の比較を通して、予期されなかった環境変化と、建物をめぐる90年という時間がもたらした変化の両方が明らかとなった。

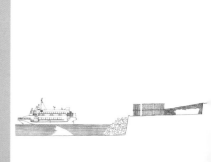

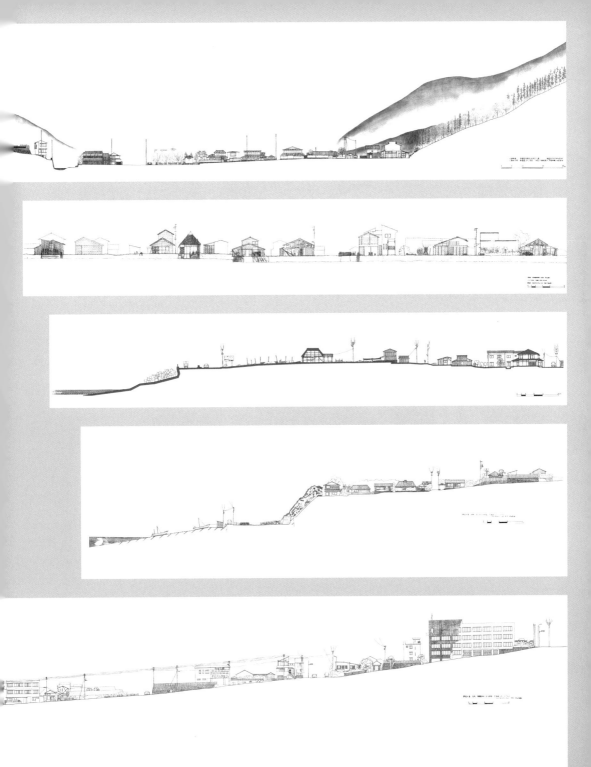

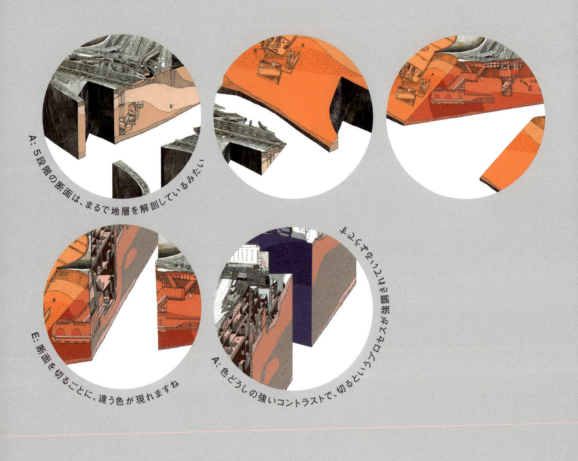

Coupe!
(切る!)
Éva Le Roi
Paris, FR
2008

「切る!」というタイトルの一連のドローイングは、レンゾ・ピアノ・ビルディング・ワークショップ設計により1990年にパリに竣工したショッピングモール「ベルシー2」を中心に描かれたものである。迷宮のような高速道路のインターチェンジ、倉庫街、住宅街区、セーヌ川に囲い込まれた角地に建つ窓のない格納庫のような建築は、敷地の不規則な境界線に沿って曲面を描く無数のステンレスパネルの外皮で覆われている。作者はこの謎めいた建物を起点に、その周辺環境や地下空間との関係を調査することで、都市の多様性・複雑性を明らかにしようとこの作品を描いた。

同一の視点で複製されるアクソノメトリック図のそれぞれは、アニメーションのコマのように、パリの塊が不規則に段階的に切断され、セグメント化する瞬間を捉えている。断面は、「ベルシー2」とその周辺の都市構造を斜めに横断している。ここで、作家は建物の軸と平行に切断面を設定するという慣習的な建築製図法を避け、旺

E:荒れた迷宮みたいな高速道路の断面が見えてます

A:造成地だろうか、道路が土手に面してつくられています

E:面白い倉庫の凹凸が地下に見えますね

A:断面の方向が自由に設定されていますね
E:これは設計図としての断面ではなくて、地下探検するように地面を掘削する感じです

盛な好奇心に任せ、切断位置を決めている。各ドローイングでは、断面図の隣に残りの部分が示されるが、それは次のドローイング以降では切り取られてしまう。モールの内部空間から地層まで、あらわになった断面図は、精肉店のショーケースに見られる、解体されたばかりの新鮮な内臓のような着色が施されている。

紙と鉛筆、そしてデジタル彩色やコラージュを組み合わせた技法により、この作品は2つの異なる現実を互いに結びつける。地上に見えるものは Google の鳥瞰写真からトレースされ、それ以外は作家個人の空想から生み出された。これは虚構であるにもかかわらず、ドローイングが探究しているものには強い説得力があり、新奇な形態を競うかのような現代都市におけるアイコニックな建築の背後に潜む環境や大地との関係性に目を向けることを、見る者に呼びかけている。

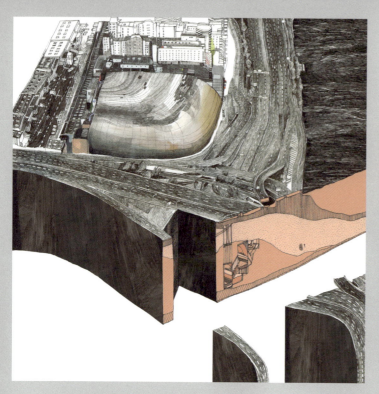

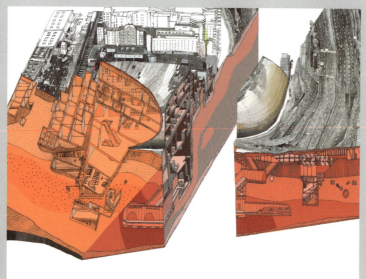
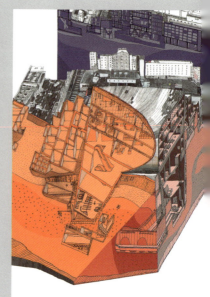

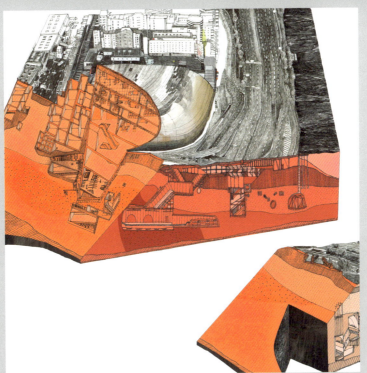
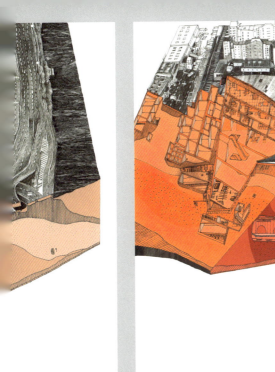

E: 800m×100mのエリアを異なる方向で切った断面アクソメ図が並んでいます

A: 海から始まる断面も多いし、川を含んでいるものもありますね。土地が4m嵩上げのほうが上がります

E: 新たな商店街の街並みを構想中…

A: 漁港がありますね！

E: でも残念ながら防潮堤と嵩上げによって、住宅地のほうからは見えづらくなりそうです

Sanriku Project 2013
（三陸プロジェクト2013）

Urban Risk Lab / MIT、平岡研究室 / 宮城大学、
MISTI Japan / MIT、Reischauer Institute / Harvard University
Minami Sanriku, JP
2013

南三陸は、2011年の東日本大震災の津波で被害を受けた日本の臨海都市のひとつである。2年後、地元自治体はこの街を4つのゾーン、港、商業地区、2つの大きな公園、そして高台に移転する3つの住居地域とする復興整備計画を決定した。ここには、街の中心市街地の危険度の高いエリアを海抜10mまで嵩上げすること、そして高さ8.7mのコンクリートの防波堤を建設することが含まれていた。これら町の大規模な再構成に加え、計画実施の遅れも生じた

ことから、このプロジェクトではコミュニティの参与は何をおいても最優先すべきものとなった。

人類学者、政治学者、デザイナーからなる作者グループは、住民と分かち合いながら町の未来像を描く第一歩として、3回からなる住民との一対一の対面ワークショップを行った。参加者は特定の地域を選び、復興整備計画に基づく断面のスケッチを描き、できあがったドローイングについて議論し、最後に住民がふさわしいと思う

A：赤い鳥居が集落と森のあいだに位置しています　　E：地形や自然環境がいかに集落をかたちづくってきたかがわかります

A：水上歩廊が水に向かって下ってきますね　　E：嵩上げ後も、多くの住民が海や川を身近に感じたいという思いが表れている

かたちにドローイングを調整した。これらを通して、参加者一人ひとりに、町の未来を想像し、自分とほかの住民の考えを比較するよう働きかけた。

鉛筆と水彩で描かれたドローイングは、湾岸線と平行あるいは垂直に走る800m×100mにわたるアクソノメトリックの断面図であり、その大部分は、将来志津川の商業地区となる区域を通っている。ドローイングは、特徴的な地形、植生、住居、施設、防波堤などの細部を含み、固有な歴史や用途、住民個人の記憶なども取り込み、参加者を取り巻く環境を細やかに記録している。11断面の連作であるこのドローイングは、南三陸の本来の地形と新たにつくられる嵩上げや防潮堤といった環境の上に描かれる住民一人ひとりの暮らしの風景を表現しているのである。

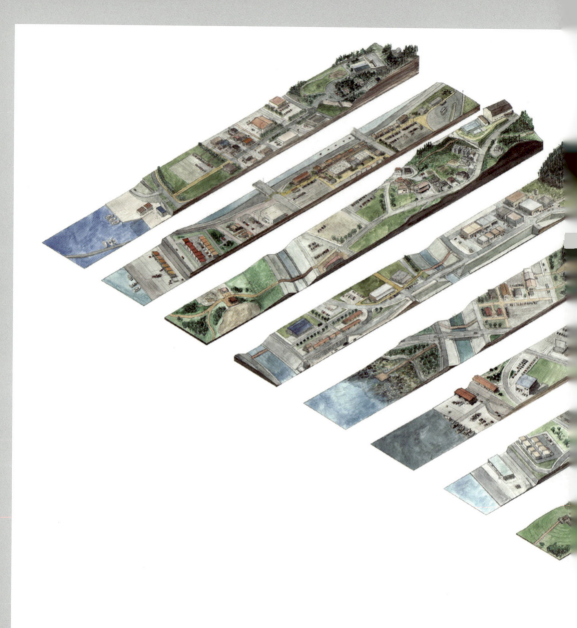

Works
作品

A Little Bit of Beijing: 798
（北京の断片：798芸術区）
Drawing Architecture Studio [Li Han, Hu Yan]
Together with Zhang Xintong, Zhao Yi, Xiao Wei, Xiong Jianyou, Thandi Stirling, Pan Chao, Meng Haigang, Jin Ding, Xie Jingxin, Fan Gaoqi, Liu Yanghui, Lin Sheng, Yu Zi, Shen Yiting, Liu Ping, Wang Haitao, Shi Tiancheng, Xu Baodan, Wang Zichu, Wang Hongyue, Lu Wenhui
Supported by UD Architects

A Pattern Book for Oshika Peninsula
（浜のくらしから浜の未来を考える　牡鹿半島復興計画のためのデザインパタンブック）
アーキエイド牡鹿半島支援勉強会［東京大学千葉 学研究室、筑波大学貝島桃子研究室、法政大学渡辺真理・下吹越武人＋インディペンデントスタジオ、神奈川大学曽我部昌史・稲用隆一研究室＋丸山美紀、名古屋工業大学北川啓介研究室＋近藤哲雄、大阪工業大学前田茂樹研究室、東北工業大学福屋粧子研究室、京都工芸繊維大学仲 隆介・城戸崎和佐研究室、神戸大学遠藤秀平研究室、槻橋 修研究室＋山岸 綾、横浜国立大学大学院 Y-GSA 小嶋一浩・大西麻貴スタジオ、首都大学小泉雅生＋門脇耕三＋猪熊 純、東京工業大学塚本由晴研究室、大阪市立大学宮本佳明研究室］、渡 和由、小野田泰明

Architecture Reading Aid Ahmedabad
（アーメダバード建築読本）
Niklas Fanelsa, Marius Helten, Björn Martenson, Leonard Wertgen
Together with Marlen Beckedahl, Anthea Dirks, Nina Ismar, Julia Kaulen, Rene Kistermann, Diana Köhler, Viola Liederwald, Seeja Lorenzen, Benjamin Möckl, Dilara Orujzade, Mirjam Patz, Rebecca Tritscher, Anna Wulf, Patrick Zamojski
Supported by Chair of Housing and Basics of Design / RWTH Aachen University

Arqueología Habitacional
（住まいの考古学）
Juan Carlos Tello
Supported by Sistema Nacional de Creadores de Arte

Basics of Dry Stone Walling for Terraced Landscapes
（棚田、段畑の石積み：石積み修復の基礎）
真田純子

Building from Waste: The Ship Breaking Industry and a New Paradigm for the Urbanisation of Mumbai
（廃棄物からの構築：ムンバイの船舶解体業と都市化の新たな枠組）
Joseph Myerscough with Sarah Mills / Leeds Beckett University
Together with Cinematic Commons Research Group / Leeds Beckett University

Cities without Ground: A Hong Kong Guidebook
（空中都市：香港ガイド）
Adam Frampton, Jonathan D. Solomon, Clara Wong
Together with Cyrus Pennaroyo

Coupe!
（切る!）
Éva Le Roi

Design Construction Networks
（設計と建設のネットワーク図）
Who Builds Your Architecture? [Kadambari Baxi, Jordan Carver, Laura Diamond Dixit, Tiffany Rattray, Lindsey Wikstrom, Mabel O. Wilson]

Do You Hear the People Sing?
（人々の歌が聞こえますか?）
Crimson Architectural Historians [Ewout Dorman, Annuska Pronkhorst, Michelle Provoost, Simone Rots, Wouter Vanstiphout, Cassandra Wilkins] with Hugo Corbett
Supported by Creative Industries Fund NL, Shenzhen Bi-City Biennale of Urbanism / Architecture 2015, Van Abbe Museum

¡El Tiempo Construye!
（時間が構築する）
Fernando García-Huidobro, Diego Torres, Nicolás Tugas

Flexible Signposts to Coded Territories
（奔放な標識、コード化された縄張り）
Florian Goldmann

Works

Glasgow Atlas
(グラスゴーの地図帳)
Studio Tom Emerson / ETH Zurich [Tom Emerson, with Theresa Behling, Laszlo Blaser]

Glotzt Nicht so Romantisch!: On Extralegal Space in Belgrade
(全くロマンチックじゃない！：ベオグラードの超合法空間)
Dubravka Sekulić
Together with Žiga Testen, Walter Warton, Marko Marovic, Luka Knezevic-Strika, Andreja Miric

Granby Four Streets
(グランビー・フォー・ストリーツ)
ASSEMBLE [Jane Hall, Mathew Leung, Alice Edgerley, Adam Willis, Fran Edgerley, Amica Dall, Giles Smith, James Binning, Paloma Strelitz, Lewis Jones, Holly Briggs, Joseph Halligan, Louis Schulz, Maria Lisogorskaya, Karim Khelil, Anthony Engi Meacock] with Marie Jacotey
Together with Granby 4 Streets Community Land Trust (CLT), Granby Workshop
Marie Jacotey's drawings commissioned by ASSEMBLE, courtesy of the artist and Hannah Barry Gallery

Hong Kong Is Land
(香港は島国である)
MAP Office [Laurent Gutierrez, Valerie Portefaix]
Together with Gilles Vanderstocken; Urban Environments Lab, School of Design / The Hong Kong Polytechnic University
Supported by Hong Kong Arts Development Council, Design Trust

Let's Make Kamiyama Landscape with Toy Blocks
(ブロックで作ろう神山の風景)
石川 初研究室 / 慶應義塾大学SFC

LIVING along the LINES—Fukushima Atlas
(LIVING along the LINES－福島アトラス)
青井哲人、NPO法人福島住まい・まちづくりネットワーク［芳賀沼整、滑田崇志、浦部智義、高木義典］、福島アトラス制作チーム［芳賀沼整、高木義典、篠沢健太、川尻大介、中野豪雄＋中野デザイン事務所、野口理沙子＋一瀬健人／イスナデザイン、浦部智義＋日本大学浦部研究室、青井哲人＋明治大学青井研究室（建築史・建築論）］

Livre Invisible: A Guidebook on Mon(s) Invisible
(見えない本：われわれのモンス市の見えない庭ガイド)
Constructlab [Alexander Römer, Mathilde Sauzet, Mascha Fehse, Maria Garcia Perez, Miguel Magalhaes, Suzanne Labourie, Julien Courtial, Gonzague Lacombe, Cecile Roche Boutin, Sumiti Fedke, Patrick Hubmann, Samuel Boche, Wouter Corvers, Sebastien Tripod, Samuel Rodriguez, David Moritz, Jan Korbes, Johanna Dehio, Pieterjan Grandry, Madalena Guerra, Ruben Teodoro, Sebastiao de Botton, Ricardo Morais, Julie Guiches, Benoit Lorent]
Together with les commissaires anonymes, modem studio, studio public, atelier le balto, Lucie Bundalo
Supported by Fondation Mons 2015

Local Ecology Map of CASACO
(カサコ 出来事の地図)
トミトアーキテクチャ［冨永美保、伊藤孝仁］

Made in Tokyo: 15th Year Update
(15年後のメイド・イン・トーキョー)
Lys Villalba
Supported by Matadero Madrid and Tokyo Wonder Site Artist Exchange Program

Maidan Survey
(広場の調査)
BUREAU A [Leopold Banchini, Daniel Zamarbide], Burø [Sergey Ferley]

Map of France
(フランスの地図)
宮下幸士
Courtesy of ATELIER YAMANAMI

My Home/s: Staircases - 2
(わたしの家、階段 その2)
Do Ho Suh
Courtesy of the Artist and Lehmann Maupin, New York and Hong Kong, and Victoria Miro, London and Venice

On Urbanism and Activism in Palestinian Refugee Camps: The Reconstruction of Nahr el Bared
(パレスチナ難民キャンプにおける都市計画と活動：ナハル・アル＝バーリドの再建)
Ismael Sheikh Hassan / KU Leuven
Credits: Nahr el Bared Reconstruction Commission for Civil Action & Studies (NBRC), Planning & Design Unit for Nahr el Bared Reconstruction Project (UNRWA)

One Hundred Views of Dogo
(道後百景)
山口 晃
Courtesy of MIZUMA ART GALLERY

Panorama Pretoria
(プレトリアのパノラマ)
Titus Matiyane
Liaison: Annemieke de Kler
Photo by Bob Cnoops

Postmodernism Is Almost All Right: Polish Architecture after Socialist Globalisation
(ポストモダニズムはおおむね正しい：社会主義後のグローバル化したポーランド建築)
Piotr Bujas, Łukasz Stanek, Alicja Gzowska, Aleksandra Kędziorek
Together with Michał Bartnicki, Maciej Bojarczuk, Tomasz Chmielewski, Dorota Flor, Michał Grzegorczyk, Tomasz Janko, Franek Ryczer, Filip Surowiecki, Agnieszka Szymczakiewicz
Supported by The Museum of Modern Art in Warsaw, Fundacja Bęc-Zmiana (Warsaw), Society of Polish Architects (Warsaw)

Refugee Republic
(難民共和国)
Jan Rothuizen, Martijn van Tol, Dirk-Jan Visser, Aart Jan van der Linden
Together with Submarine Channel
Supported by Creative Industries Fund NL, Dutch Media Fund, The Netherlands Film Fund, De Volkskrant, Free Press Unlimited, Postcode Loterij Fonds, One World, The City of Amsterdam

Revendications
(暮らしを取り戻すために)
Oswald Adande
Liaison: Alice Hertzog
Photo by Stéphane Brabant

Revisiting Wajiro Kon's "Nihon no Minka"
(今和次郎「日本の民家」再訪)
瀝青会 [中谷礼仁、石川 初、菊地 暁、福島加津也、清水重敦、御船達雄、大高 隆]、中谷ゼミナール [中谷礼仁、儀部真二、武田夏樹、繁森 陽、中島洋輔、川崎美貴子、本間智希]

Revolusi dari Dapur
(台所からの革命)
Gede Kresna
Together with Febri Indra Laksmana
Supported by Rumah Intaran (Bali, Indonesia)

Rogue Economies, Vol. 1, Revelations and Revolutions
(悪漢の経済 Vol.1：新たな事実と革命)
GSA Unit 14 [Thiresh Govender, Sarah de Villiers, with Kennedy Chikerema] / University of Johannesburg
Supported by Graduate School of Architecture / University of Johannesburg

Works

Sanriku Project 2013
(三陸プロジェクト 2013)
Urban Risk Lab / MIT [Miho Mazereeuw, Sky Milner, 遠藤賢也, Saeko Baird], 平岡善浩研究室 / 宮城大学 [平岡善浩、渡邉孝則、森 翔太、遠藤健太、藤井 藍、庄司智之], MISTI Japan / MIT [Richard Samuels, Christine Pilcavage], Reischauer Institute / Harvard University [Theodore C. Bestor, Ted Gilman, Maya Holden]
Supported by MISTI Japan MIT, HASS Award MIT Department of Architecture, The Japanese Disaster Relief Fund (Boston)

SUDU: Manual
(サスティナビリティの手引書)
Dirk E. Hebel, Mekeselam Moges, Zara Gray, with Something Fantastic [Elena Schütz, Julian Schubert, Leonard Streich]
Together with Sebastian Bernardy, Mathilde Moaty, Joao Salsa, Muriel Werthebach, Ilka Ruby, Andreas Ruby

The Arsenal of Exclusion & Inclusion
(排除と包摂の武器庫あるいは資料集成)
Interboro Partners [Tobias Armborst, Daniel D'Oca, Georgeen Theodore]
Together with Riley Gold, Lesser Gonzalez
Partly supported by Graham Foundation for Advanced Studies in the Fine Arts, New York State Council on the Arts

The Building of the Queensland House: A Carpenter's Handbook and Owner's Manual
(クインズランド住宅の建て方:大工の手引きと家主のための説明書)
Andrew L. Jenner with John Braben

Typology: Review No. II, Review No. III
(類型学:2巻、3巻)
Emanuel Christ and Christoph Gantenbein / ETH Zurich [Emanuel Christ, Christoph Gantenbein, Victoria Easton, Cloé Gattigo, Filippo Cattapan, Nele Dechmann, Ben Olschner, Franco Pajarola, Steven Schenk, Patrick Schmid, Raoul Sigl, Susann Vécsey, Guillaume Yersin]
Together with Ludovic Balland

Usages: A Subjective and Factual Analysis of Uses of Public Space, Vol. 1, Shanghai, Paris, Bombay
(使い方:公共空間の利用に関する主観的実態調査 Vol.1 上海、パリ、ボンベイ)
David Trottin, Jean-Christophe Masson, Franck Tallon
Together with Isabelle Minibielle, Emmanuelle March, Joachim Badaoui-Aubry, Julie Colin, Estelle Grange-Dubellé, Pauline Guillard, Natalia Klepachevskaya, Alfredo Rossoni Luvison, Gaspard Michaud, Mehrnoush Naraghi, Jessica Quevedo, Lisa Tribut

Valparaíso Público
(バルパライソの公共空間)
Marie Combette, Thomas Batzenschlager, Clémence Pybaro

Vernacular Toolbox: Ideas from Modern Builders in Rural China
(ヴァナキュラーな道具箱:中国農村発・施工者からの建築アイデア)
Rural Urban Framework [John Lin] and Sony Devabhaktuni / The University of Hong Kong
Together with Eva Herunter, Josephine Nørtoft Saabye, Chengwei Xia, Rural Urban Lab / The University of Hong Kong
Supported by Research Grants Council of Hong Kong

W House
(W邸)
須藤由希子
Courtesy of Take Ninagawa, Tokyo
撮影:岡野 圭

*アルファベット順

Curators
キュレーター

Momoyo Kaijima
貝島桃代
—
1969年東京に生まれる。
東京、チューリッヒ (CH) 在住。
http://www.bow-wow.jp
https://kaijima.arch.ethz.ch
http://www.geijutsu.tsukuba.ac.jp/~mkaijima

Laurent Stalder
ロラン・シュトルダー
—
1970年ローザンヌ (CH) に生まれる。
チューリッヒ (CH)、パリ (FR) 在住。
https://stalder.arch.ethz.ch

Yu Iseki
井関 悠
—
1978年長野に生まれる。
茨城在住。
http://www.arttowermito.or.jp

Participants
出展者

Oswald Adande
—
1981年ベガメ (BJ) に生まれる。 コトヌー (BJ) 在住。
https://oswaldadande.wordpress.com

Akihito Aoi, NPO Fukushima Housing and Community Design Network, Team Fukushima Atlas
青井哲人、NPO法人福島住まい・まちづくりネットワーク、福島アトラス制作チーム
—
2016年に結成、東京と福島で活動。
http://www.meiji-aoilab.com/fukushima-atlas

ArchiAid Oshika Peninsula Supporting Seminar
アーキエイド牡鹿半島支援勉強会
—
2011年に設立、宮城で活動。
http://archiaid.org

ASSEMBLE with Marie Jacotey
—
ASSEMBLE: 2010年に設立、ロンドン (UK) で活動。
https://assemblestudio.co.uk
—
Marie Jacotey: 1988年パリ (FR) に生まれる。ロンドン (UK) 在住。

Piotr Bujas, Łukasz Stanek, Alicja Gzowska, Aleksandra Kędziorek
—
Piotr Bujas: 1976年クラクフ (PL) に生まれる。クラクフ (PL) 在住。
http://t-r-a-c-e.net
http://badr.pl
—
Łukasz Stanek: 1976年クラクフ (PL) に生まれる。
マンチェスター (UK) 在住。
http://www.south-of-eastwest.net
—
Alicja Gzowska: 1986年ワルシャワ (PL) に生まれる。
ワルシャワ (PL) 在住。
http://uw.academia.edu/AlicjaGzowska
—
Aleksandra Kędziorek: 1987年ワルシャワ (PL) に生まれる。
ワルシャワ (PL) 在住。
http://www.olakedziorek.com

Participants

BUREAU A, Burø
—
BUREAU A: 2012年–2016年のあいだジュネーブ (CH) で活動。
http://leopoldbanchini.com
http://bureau.ac
—
Burø: 2012年に設立、キエフ (UA) で活動。
http://buro-o.com

Emanuel Christ and Christoph Gantenbein / ETH Zurich
—
2010年–2015年のあいだスイス (CH) で活動。
http://www.christ-gantenbein.arch.ethz.ch

Marie Combette, Thomas Batzenschlager, Clémence Pybaro
—
Marie Combette: 1987年ヴズール (FR) に生まれる。
キト (EC) 在住。

Thomas Batzenschlager: 1987年ナンシー (FR) に生まれる。
サンティアゴ (CL) 在住。

Clémence Pybaro: 1987年ランス (FR) に生まれる。
サンティアゴ (CL) 在住。

Constructlab
—
2012年に設立、ベルリン (DE)、ポルト (PT) で活動。
http://www.constructlab.net

Crimson Architectural Historians with Hugo Corbett
—
Crimson Architectural Historians: 1994年に設立、ロッテルダム (NL) で活動。
https://www.crimsonweb.org
—
Hugo Corbett: 1989年ケンブリッジ (UK) に生まれる。
ブリュッセル (BE) 在住。

Drawing Architecture Studio
—
2013年に設立、北京 (CN) で活動。
http://www.d-a-s.cn

Niklas Fanelsa, Marius Helten, Björn Martenson, Leonard Wertgen
—
Niklas Fanelsa: 1985年ブレーメン (DE) に生まれる。
ベルリン (DE) 在住。
http://atelier-fanelsa.de
—
Marius Helten: 1986年アーヘン (DE) に生まれる。
ベルリン (DE) 在住。
http://mariushelten.de
—
Björn Martenson: 1966年テュービンゲン (DE) に生まれる。
アーヘン (DE) 在住。
http://amunt.info
—
Leonard Wertgen: 1987年デュイスブルク (DE) に生まれる。
ベルリン (DE) 在住。
http://leonardwertgen.de

Adam Frampton, Jonathan D. Solomon, Clara Wong
—
Adam Frampton: 1980年ワシントン D.C. (US) に生まれる。
ニューヨーク (US) 在住。
http://only-if.org
—
Jonathan D. Solomon: 1978年シカゴ (US) に生まれる。
シカゴ (US) 在住。
—
Clara Wong: 香港 (HK) に生まれる。香港 (HK) 在住。
http://www.citieswithoutground.com

Fernando García-Huidobro, Diego Torres, Nicolás Tugas
—
Fernando García-Huidobro: 1979年サンティアゴ (CL) に生まれる。サンティアゴ (CL) 在住。
http://www.sgharquitectos.cl

Diego Torres: 1979年リマ (PE) に生まれる。
サンティアゴ (CL) 在住。
http://www.elementalchile.cl
—
Nicolás Tugas: 1980年サンティアゴ (CL) に生まれる。
サンティアゴ (CL) 在住。
https://twitter.com/ntugas

Gede Kresna
—
Gede Kresna Nata Dwijaksara: 1974年シガラジャ (ID) に生まれる。シガラジャ、バリ (ID) 在住。
https://www.facebook.com/RumahIntaran

Florian Goldmann
—
1984年ベルリン (DE) に生まれる。ベルリン (DE) 在住。
https://florianichibangoldmann.wordpress.com

GSA Unit 14 / University of Johannesburg
—
2016年に設立、ヨハネスブルグ (ZA) で活動。

Hajime Ishikawa Laboratory / Keio University SFC
石川 初研究室 / 慶應義塾大学SFC
—
2015年に設立、神奈川で活動。
http://hajimelab.net/wp

Ismael Sheikh Hassan / KU Leuven
—
1980年サイダ (LB) に生まれる。サイダ (LB) 在住。

Dirk E. Hebel, Melakeselam Moges, Zara Gray, with Something Fantastic
—
Dirk E. Hebel: 1971年ビルケンフェルト (DE) に生まれる。
カールスルーエ (DE) 在住。
http://nb.ieb.kit.edu

Melakeselam Moges: アディスアベバ (ET) に生まれる。
アディスアベバ (ET) 在住。

Zara Gray: ケープタウン (ZA) に生まれる。
ケープタウン (ZA) 在住。

Something Fantastic: 2010年に設立、ベルリン (DE) で活動。
https://www.somethingfantastic.net

Interboro Partners
—
2002年に設立、ブルックリン (US) で活動。
http://www.interboropartners.com

Andrew L. Jenner with John Braben
—
Andrew Lathan Jenner: 1943年ニュー・ブライトン (UK) に生まれる。ウィッタ (AU) 在住。
http://www.andyjenner.com
—
John Braben: 1944年ウォラシー (UK) に生まれる。
デイジー・ヒル (AU) 在住。
http://johnbraben.com

Éva Le Roi
—
1987年カーン (FR) に生まれる。
ブリュッセル (BE) 在住。
http://www.eva-le-roi.com

MAP Office
—
1996年に設立、香港 (HK) で活動。
http://www.map-office.com

Participants

Titus Matiyane
—
Titus Thabiso Matiyane: 1964年プレトリア、アッテリッジヴィル (ZA) に生まれる。プレトリア、アッテリッジヴィル (ZA) 在住。

Yukio Miyashita
宮下幸士
—
1973年大阪に生まれる。滋賀在住。
http://a-yamanami.jp/wordpress/artists/miyashita

Joseph Myerscough with Sarah Mills / Leeds Beckett University
—
Joseph Myerscough: 1992年ランカスター (UK) に生まれる。ロンドン (UK) 在住。
http://www.josephmyerscough.co.uk
—
Sarah Mills: 1970年イギリスに生まれる。リーズ (UK) で活動。
http://cinematiccommons.wixsite.com/march
http://www.groupginger.com

Rekiseikai (Team Asphalt), NAKATANI Seminar
瀝青会、中谷ゼミナール
—
2006年に結成、東京で活動。

Rural Urban Framework and Sony Devabhaktuni / The University of Hong Kong
—
Rural Urban Framework: 2005年に設立、香港 (HK) で活動。
http://www.rufwork.org
—
Sony Devabhaktuni: 1973年インド (IN) に生まれる。香港 (HK) 在住。

Jan Rothuizen, Martijn van Tol, Dirk-Jan Visser, Aart Jan van der Linden
—
Jan Rothuizen: 1968年アムステルダム (NL) に生まれる。アムステルダム (NL) 在住。
https://janrothuizen.nl
—
Martijn van Tol: 1972年アーペルドールン (NL) に生まれる。デン・ドルダー (NL) 在住、アムステルダム (NL) で活動。
http://www.scrollytelling.io
—
Dirk-Jan Visser: 1978年アッセン (NL) に生まれる。ハーグ (NL) 在住。
http://www.dirkjanvisser.com
—
Aart Jan van der Linden: 1971年ハーグ (NL) に生まれる。ティール (NL) 在住、アムステルダム、ユトレヒト、ヒルゼルスム、ティール、ハーグ (NL) で活動。
http://www.aartjan.com

Junko Sanada
真田純子
—
1974年広島に生まれる。東京在住。
http://sanada.cv.ens.titech.ac.jp

Dubravka Sekulić
—
1980年ニシュ (YU) に生まれる。
グラーツ (AT) 在住。
http://dubravka.net

Studio Tom Emerson / ETH Zurich
—
2010年に設立、チューリッヒ (CH) で活動。
http://www.emerson.arch.ethz.ch

Do Ho Suh
—
1962年ソウル (KR) に生まれる。ロンドン (UK)、ニューヨーク (US)、ソウル (KR) 在住。

Yukiko Suto
須藤由希子
—
1978年神奈川に生まれる。神奈川在住。
https://www.yukikosuto.com

Juan Carlos Tello
—
1962年メキシコシティ (MX) に生まれる。
メキシコシティ (MX) 在住。
http://www.f304.com

tomito architecture
トミトアーキテクチャ
—
2014年に設立、神奈川で活動。
http://tomito.jp

David Trottin, Jean-Christophe Masson, Franck Tallon
—
David Trottin: 1965年エルモン (FR) に生まれる。
パリ (FR) 在住。
http://www.peripheriques-architectes.com
—
Jean-Christophe Masson: 1967年マルセイユ (FR) に生まれる。パリ (FR) 在住。
http://www.hamonic-masson.com
—
Franck Tallon: 1967年モンリュソン (FR) に生まれる。
ボルドー (FR) 在住。
http://www.francktallon.fr

Urban Risk Lab / MIT, Hiraoka Lab / Miyagi University (平岡善浩研究室 / 宮城大学)
MISTI Japan / MIT, Reischauer Institute / Harvard University
—
Urban Risk Lab / MIT: 2012年に設立、
マサチューセッツ州ケンブリッジ (US) で活動。
http://www.urbanrisklab.org
—
平岡善浩研究室 / 宮城大学: 2002年に設立、
仙台で活動。
https://www.facebook.com/hiralabo
—
MIT Japan Program / MISTI / MIT: 1981年に設立、
マサチューセッツ州ケンブリッジ (US) で活動。
http://misti.mit.edu/mit-japan
—
Reischauer Institute of Japanese Studies / Harvard University: 1973年に設立、マサチューセッツ州
ケンブリッジ (US) で活動。
https://rijs.fas.harvard.edu

Lys Villalba
—
1981年マドリード (ES) に生まれる。マドリード (ES) 在住、世界で活動。
http://www.lysvillalba.net

Who Builds Your Architecture?
—
2013年に設立、ニューヨーク (US) で活動。
http://whobuilds.org

YAMAGUCHI Akira
山口 晃
—
1969年東京に生まれる。東京在住。
http://www.mizuma-art.co.jp/artists/yamaguchi-akira

*アルファベット順
*（ ）内の国名表記はISO（国際標準化機構）発行、ISO 3166の国名コードに準拠

建築の民族誌

2018年開催 第16回ヴェネチア・ビエンナーレ国際建築展
日本館展示「建築の民族誌」カタログ

編者：
貝島桃代、Laurent Stalder、井関 悠
+ Simona Ferrari、伊藤 維、Andreas Kalpakci

作品解説：
Marcela Aragüez: "¡El Tiempo Construye!," "Arqueología Habitacional"
—
Alice Hertzog: "Revendications"
—
貝島桃代、伊藤 維、Andreas Kalpakci: "My Home/s: Staircases - 2," "W House," "Let's Make Kamiyama Landscape with Toy Blocks," "A Pattern Book for Oshika Peninsula," "Basics of Dry Stone Walling for Terraced Landscapes," "Revolusi dari Dapur," "Map of France," "One Hundred Views of Dogo," "Local Ecology Map of CASACO," "LIVING along the LINES—Fukushima Atlas," "Revisiting Wajiro Kon's 'Nihon no Minka'"
—
Cameron Macdonell: "Postmodernism Is Almost All Right: Polish Architecture after Socialist Globalisation," "Rogue Economies, Vol. 1, Revelations and Revolutions," "Valparaíso Público," "Refugee Republic," "Do You Hear the People Sing?"
—
Laurent Stalder: "Made in Tokyo: 15th Year Update," "Glotzt Nicht so Romantisch!: On Extralegal Space in Belgrade," "Sanriku Project 2013"
—
Yue Zhao: "A Little Bit of Beijing: 798," "Vernacular Toolbox: Ideas from Modern Builders in Rural China"
—
Andreas Kalpakci: 上記ほか17作品
—
Andrew Wilson、Simona Ferrari、伊藤 維：クローズアップ画像テキスト

編集：
飯尾次郎 (Speelplaats Co., Ltd.)、境 洋人

翻訳：
坂本和子：はじめに、Laurent Stalder＋Andreas Kalpakci論考、作品解説
貝島桃代＋伊藤 維：42作品クローズアップ画像テキスト

英語版カタログ校正・校閲：
Pamela Johnston: 貝島桃代論考
Pamela Johnston, Tom Weaver: Laurent Stalder＋Andreas Kalpakci論考
Thomas Skelton-Robinson: 井関 悠論考
Thomas Skelton-Robinson, Andreas Kalpakci: 貝島桃代論考、Laurent Stalder＋Andreas Kalpakci論考、井関 悠論考、カタログ全般
※本書は、先行して刊行された英語版カタログの邦訳である。

グラフィック・デザイン：
橋詰 宗

第16回ヴェネチア・ビエンナーレ国際建築展 日本館展示
建築の民族誌

コミッショナー：
独立行政法人国際交流基金

キュレーター：
貝島桃代、Laurent Stalder、井関 悠
スイス連邦工科大学チューリッヒ校建築振る舞い学講座と、
スイス連邦工科大学チューリッヒ校建築理論講座との協働

アシスタントキュレーター：
Simona Ferrari、伊藤 維、Andreas Kalpakci

コーディネーター（独立行政法人国際交流基金）：
大平幸宏、竹下 潤、佐藤寛之

特別助成：
公益財団法人石橋財団

協賛：
YKK AP株式会社 窓研究所、スイス連邦工科大学チューリッヒ校建築学部、筑波大学芸術系、公益財団法人大林財団

協力：
大光電機株式会社

建築の民族誌

2018年5月29日　初版第1刷発行

著者：
貝島桃代、ロラン・シュトルダー、井関 悠

発行者：加藤 徹
発行所：TOTO出版（TOTO株式会社）
〒107-0062 東京都港区南青山1-24-3
TOTO乃木坂ビル2F
—
［営業］
TEL: 03-3402-7138　FAX: 03-3402-7187
—
［編集］TEL: 03-3497-1010
URL: https://jp.toto.com/publishing

印刷・製本：
大日本印刷株式会社

落丁本・乱丁本はお取り替えいたします。
本書の全部又は一部に対するコピー・スキャン・デジタル化等の
無断複製行為は、著作権法上での例外を除き禁じます。
本書を代行業者等の第三者に依頼してスキャンやデジタル化することは、
たとえ個人や家庭内での利用であっても著作権上認められておりません。
定価はカバーに表示してあります。

© 2018 Momoyo Kaijima, Laurent Stalder and Yu Iseki

Printed in Japan
ISBN978-4-88706-372-3